JN106186

おっ、ハングル

**韓国語
入門テキスト**

鄭 賢熙（チョン・ヒョンヒ）

チョ・ヒチョル

SURUGADAI
SHUPPANSHA

表紙・本文デザイン　小熊未央
表紙・本文イラスト　がりぽん（ひろガリ工房）

　2003年ごろから始まった韓流ブームは、日本における韓国語教育においても多くの変化をもたらしました。大学や街の韓国語教室での学習者の増加はもちろんのこと、全国の各高校でも学習者が大幅に増えてきました。

　それとともに韓国語教材も量的、質的に大きく成長してきました。しかし、ほとんどの教材は、大学などの授業で使うことを前提とする場合が多く、独学の入門・初級学習者のためにカスタマイズされた教材は、まだ不足している状態です。

　本書は著者が長い間、大学や高校、そして市民講座などで多様な年齢の学習者の教育を担当しながら得た経験を生かしながら執筆したものです。本書の特長として、以下に5つ挙げます。

1. ハングル文字を楽しく覚えられるように多くの工夫をしました。特に実際の文字に慣れ親しんでもらうために、オールカラーで多くの写真を載せました。また、「発音の決まり」は勉強の上でネックになることが多いため、親しみが持てるようにダジャレなどで覚えやすくしました。

2. 多くの韓国語学習者は、ハングルを読むハードルが高く、なかなかなじまないことを鑑みて、各課の本文や「もっと知っておきたい言葉」などのハングルには赤で読み仮名をつけました。読み方に慣れるにつれて、読み仮名にかぶせて学習できるように赤シートを用意しました。
　なお、第1部「ハングルの文字と発音」では、できるだけ正確にハングル文字の読み方に慣れてもらうためより細かく表記しました。第2部「会話と文法」では、どんどん実際の会話に挑戦してもらうため、発音しやすい簡単な表記を試みました。

3. 言語の4技能に慣れてもらうため、本文と語彙や文法の学習に続き、これを活用した練習のステップは、教材に直接書きこみやペア練習ができるように会話形式で構成しましたので、学校の授業や一般のグループ授業でも活用できます。そして、一層コミュニケーション能力の向上を目指します。
　なお、リスニング問題を収録することで、ハングル検定試験やトピック(TOPIK)試験にも備えられるようにしました。

4. 多くのイラストなどを通じて単語などが長く記憶に留まるよう工夫しました。

5. クイズ形式で楽しく韓国文化に接することができるようにし、最後の10課では、総合演習を載せ、学習者自らが自分の学習の進み具合を確認できるようにしました。

　本書を通じて、読者の皆さんがおもいっきり韓国語を楽しめるきっかけとなれば、筆者としてはこのうえない喜びです。파이팅！ファイト！

2020年春　著　者

第 1 部
ハングルの文字と発音

ハングルの世界

1 ハングルの成り立ち

1) ハングルの創製

　ハングルは 15 世紀に朝鮮王朝の 4 代国王・世宗（セジョン）と学者集団によって作られた文字です。制定時の正式名称は「訓民正音」でしたが、20 世紀に入ってから「ハングル」と呼ばれるようになりました。「ハングル」という意味は「大いなる文字」という意味で、韓国では 10 月 9 日を「ハングルの日」と言って祝日としています。

　現在使われているハングル文字は、ㅏ , ㅑ , ㅓ , ㅕ などの 21 個の母音を表す文字（10 個の基本母音字母と 11 個の合成母音字母）と、ㄱ , ㄴ , ㄷ , ㄹ などの 19 個の子音を表す文字（14 個の基本子音字母と 5 個の合成子音字母）からなっています。

〈世宗大王像〉

〈携帯電話の文字盤〉

2) 母音字母と子音字母の成り立ち

(1) 基本母音を表す文字

　ハングルの母音を表す文字は、「天，地，人」を象った「・ , ― , ｜」という三つの文字を作りました。つまり、丸い天の形をかたどって「●」、平らな地をかたどって「―」、立っている人の形をかたどって「｜」という文字を作りました。

　そして「｜」の右と「―」の上に「・」を加えて陽性母音の「ㅏ , ㅗ」、「｜」の左と「―」の下に「・」を加えて陰性母音の「ㅓ , ㅜ」、さらに「・」をもう一個ずつ加えて、それぞれ 陽性母音の「ㅑ , ㅛ」、陰性母音の「ㅕ , ㅠ」という文字を作りました。

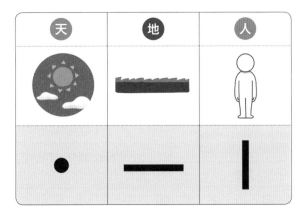

人 + 天	｜ + •	｜•	ㅏ
天 + 人	• + ｜	•｜	ㅓ
天 + 地	• + ━	∸	ㅗ
地 + 天	━ + •	⊤	ㅜ

⑵ 基本子音を表す文字

　ハングルの子音を表す文字は、口や舌などの調音器官をかたどって「ㄱ，ㄴ，ㅁ，ㅅ，ㅇ」の５つの文字を作りました。つまり「ㄱ」と「ㄴ」という文字は「k」と「n」いう文字の発音をするときの舌の形、「ㅁ」という文字は「m」を発音するときの口の形、「ㅅ」は歯の形、「ㅇ」は喉の丸い形からかたどりました。

　さらに、これらの文字に画を加えて「ㄷ，ㅂ，ㅈ」を、更に画を加えて「ㅋ，ㅌ，ㅍ，ㅊ，ㅎ」などの激音を表す文字を、なお、基本子音字母を並列して「ㄲ，ㄸ，ㅃ，ㅆ，ㅉ」などの濃音を表す文字を作りました。

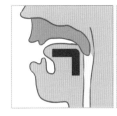
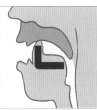
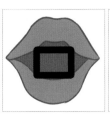
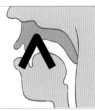
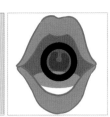

2 ハングルで自分の名前を書いてみましょう！

まず、ハングル文字に親しむために下記の表（「仮名とハングルの対照表」）を見て自分
の名前をハングルで書いてみましょう。仮名の一文字はハングルでも一文字なので、一字
一字を当てていけばいいです。

仮名とハングルの対照表

語頭／語中・語末

仮名　ハングル				
ア 아	イ 이	ウ 우	エ 에	オ 오
カ 가 / 카	キ 기 / 키	ク 구 / 쿠	ケ 게 / 케	コ 고 / 코
サ 사	シ 시	ス 스	セ 세	ソ 소
タ 다 / 타	チ 지 / 치	ツ 쓰	テ 데 / 테	ト 도 / 토
ナ 나	ニ 니	ヌ 누	ネ 네	ノ 노
ハ 하	ヒ 히	フ 후	ヘ 헤	ホ 호
マ 마	ミ 미	ム 무	メ 메	モ 모
ヤ 야		ユ 유		ヨ 요
ラ 라	リ 리	ル 루	レ 레	ロ 로
ワ 와				ヲ 오

훗, 돗… ッ ᄉ ◀── ᄉ と ᄂ はいずれも文字の下につける！ ──▶ ᄂ 인, 간, 만…

ガ 가	ギ 기	グ 구	ゲ 게	ゴ 고
ザ 자	ジ 지	ズ 즈	ゼ 제	ゾ 조
ダ 다	ヂ 지	ヅ 즈	デ 데	ド 도
バ 바	ビ 비	ブ 부	ベ 베	ボ 보
パ 파	ピ 피	プ 푸	ペ 페	ポ 포
キャ 갸 / 캬		キュ 규 / 큐		キョ 교 / 쿄
シャ 샤		シュ 슈		ショ 쇼
ジャ 자		ジュ 주		ジョ 조
チャ 자 / 차		チュ 주 / 추		チョ 조 / 초
ニャ 냐		ニュ 뉴		ニョ 뇨
ヒャ 햐		ヒュ 휴		ヒョ 효
ビャ 뱌		ビュ 뷰		ビョ 뵤
ピャ 퍄		ピュ 퓨		ピョ 표
ミャ 먀		ミュ 뮤		ミョ 묘
リャ 랴		リュ 류		リョ 료

表記細則

(1) 促音「ッ」は「ㅅ」、撥音「ン」は「ㄴ」で表記しますが、横並びではなく、直前の文字の下に
くっつけます。

例 サッポロ（札幌）**삿포로**　　　　　　　*カンダ*（神田）**간다**

(2) 長母音は特に表記しません。

例 オオタジロウ（大田次郎）**오타 지로**　　*トウキョウ*（東京）**도쿄**

●名前の書き方

名前を名字と下の名前に分けて書く。

下の名前の頭は語頭扱いだね！

長音は
表記しない！

例 田中　韓太郎　　タナカ　カンタロウ

た	な	か	か	ん	た	ろ	う
タ	ナ	カ	カ	ン	タ	ロ	―
語頭	語中	語末	語頭	語中	語中	語中	語末
다	나	카	가	ㄴ	타	로	×
다	나	카	간		타	로	

例 服部　敏子　　ハットリ　トシコ

は	っ	と	り	と	し	こ
ハ	ッ	ト	リ	ト	シ	コ
語頭	語中	語中	語末	語頭	語中	語末
하	ㅅ	토	리	도	시	코
핫		토	리	도	시	코

練習 次の人名や地名をハングルで書いてみましょう。

(1) 自分の名前： ＿＿＿＿＿＿＿＿＿＿＿＿＿＿＿＿＿＿＿＿＿＿

(2) 最寄りの駅名： ＿＿＿＿＿＿＿＿＿＿＿＿＿＿＿＿＿＿＿＿

(3) 北海道： ＿＿＿＿＿＿＿＿＿＿＿＿＿＿＿＿＿＿＿＿＿

(4) 田中太郎： ＿＿＿＿＿＿＿＿＿＿＿＿＿＿＿＿＿＿＿＿

3 ハングルの構造

　仮名文字はアイウエオのように母音を表す文字、またはカ [ka]、サ [sa]、タ [ta] などのように、子音と母音の組み合わせを表す文字から成っています。

　他方、ハングルの「아、거、소、두」などの文字は左や上に「ㅇ、ㄱ、ㅅ、ㄷ」という子音文字を、右や下に「ㅏ、ㅓ、ㅗ、ㅜ」という母音文字の組み合わせからなっています。

　つまり、ハングル文字は音素の組み合わせからできているので、子音文字と母音文字を分けることもできます。

　ハングルの文字の組み合わせには、

❶　子音字母＋母音字母
❷　子音字母＋母音字母＋子音字母

の２つがあり、「ㅏ、ㅑ、ㅓ、ㅕ、ㅣ」などの母音を表す文字は子音を表す文字の右に、また、「ㅗ、ㅛ、ㅜ、ㅠ、ㅡ」などの母音を表す文字は子音を表す文字の下に書きます。

🔊 ハングルの組み合わせの例

🔊 001

(1) **子音＋母音**

(2) **子音＋母音＋子音**　◀》002

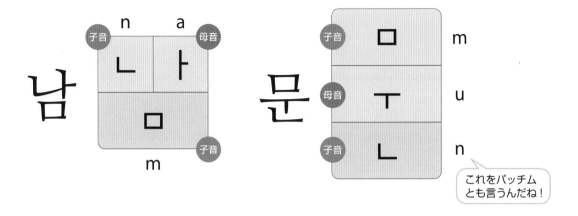

これをパッチムとも言うんだね！

▶ **あいさつ語を覚えよう** 1　◀》003

❶ **안녕하세요?**　アンニョンハセヨ
こんにちは（おはようございます，こんばんは）。

❷ **안녕하십니까?**　アンニョンハシムニッカ
こんにちは（おはようございます，こんばんは）。

❸ **반갑습니다.**　パンガプスムニダ
（お会いできて）うれしいです。

❹ **○○입니다.**　○○イムニダ
○○です。

❺ **잘 부탁합니다.**　チャル プタカムニダ
よろしくお願いします。

文字と発音 (1) ——母音

1 母音

　「아이우에오」または「야유요」などのようにハングル文字に、「○」がついていれば、それは「あいうえお」の母音か、または「やゆよ」にあたる文字です。母音だけの文字を書くときは左か上に「○」をつけます。

아이우에오

> 左か上に○がついていたら
> それは母音だね！

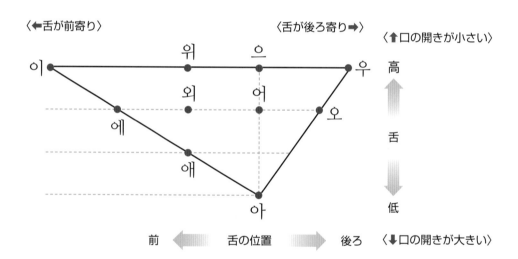

● 으 [ɯ] は、イ [i] と言う時のように口を横に引いたまま、ウと言うと出る音です。
● 애 [ɛ] は애 [e] よりさらに口を横に引いて発音するエです。

2 母音① （基本母音）

母音文字一覧

아	야	어	여	오	요	우	유	으	이
애	얘	에	예	와	왜	외	워	웨	위		의

　ハングルの母音文字は 10 種類の基本母音とそこから発生した 11 種類の合成母音があります。ここではまず基本母音の文字を覚えていきましょう。

🔊 004

	ハングル	口構え		ハングル
1	아 [a ア] 「ア」とほぼ同じく発音する		2	야 [ya ヤ] 「ヤ」とほぼ同じく発音する
3	어 [ɔ オ] 「ア」の口構えで「オ」と発音する		4	여 [yɔ ヨ] 「ヤ」の口構えで、「ヨ」と発音する
5	오 [o オ] 唇を丸めて、前に突き出して「オ」と発音する		6	요 [yo ヨ] 唇を丸めて、前に突き出して「ヨ」と発音する
7	우 [u ゥ] 唇を丸めて、前に突き出しながら「ゥ」と発音する		8	유 [yu ユ] 唇を丸めて、前に突き出して「ユ」と発音する
9	으 [ɯ ゥ] 「イ」口構えで「ゥ」と発音する		10	이 [i ィ] 口を横に引いて「イ」と発音する

15

★アヤオヨの歌 ◀))005

「メリーさんの羊」に載せて「アヤオヨ」の歌を歌ってみましょう。

メーリさんの　ひつじ　ひつじ　ひつじ

アヤオヨ　　　　オ～ヨ　　　　ウ～ユ　　　　ウ～イ

아야어여　오～요　우～유　으～이

メーリさんの　ひつじ　かわいいね

アヤオヨ　　　　オ～ヨ　　　　ウユウ～イ

아야어여　오～요　우유으～이

 次のハングルを書いてみよう！

1	2	3	4	5	6	7	8	9	10
[a]	[ya]	[ɔ]	[yɔ]	[o]	[yo]	[u]	[yu]	[ɯ]	[i]
ア	ヤ	オ	ヨ	オ	ヨ	ウ	ユ	ウ	イ
아	야	어	여	오	요	우	유	으	이
아	야	어	여	오	요	우	유	으	이

○を書くときは
反時計回りに！

○　　×

○の上の点を書くときは
気持ちだけ！

練習2 次の広告や看板から読める文字を見つけてみよう。

(1)

(2)

(3)

(4)

練習3 次のハングルを書きながら、大きな声で読んでみよう。

(1)

오이 きゅうり ＿＿＿＿＿＿＿　＿＿＿＿＿＿＿

＿＿＿＿＿＿＿　＿＿＿＿＿＿＿　＿＿＿＿＿＿＿

(2)

아이 子ども ＿＿＿＿＿＿＿　＿＿＿＿＿＿＿

＿＿＿＿＿＿＿　＿＿＿＿＿＿＿　＿＿＿＿＿＿＿

(3)

우유 牛乳 ＿＿＿＿＿＿＿　＿＿＿＿＿＿＿

＿＿＿＿＿＿＿　＿＿＿＿＿＿＿　＿＿＿＿＿＿＿

(4)

여우 きつね ＿＿＿＿＿＿＿　＿＿＿＿＿＿＿

＿＿＿＿＿＿＿　＿＿＿＿＿＿＿　＿＿＿＿＿＿＿

아	야	어	여	오	요	우	유	으	이
애	얘	에	예	와	왜	외	워	웨	위	의

　合成母音を書き表すハングルの**合成母音字**は、全部で 11 個あります。**合成母音字**は文字通り、基本母音字に画を足したり、二つの基本母音字を合体したりして作ります。「ㅏ + ㅣ」の組み合わせで「ㅐ」、「ㅓ + ㅣ」の組み合わせで「ㅔ」、また、「ㅑ + ㅣ」の組み合わせで「ㅒ」、「ㅕ + ㅣ」の組み合わせで「ㅖ」という文字が作られました。

🔊006

1	애 [ɛ] 「エ」より口を大きく開けて発音する		2	얘 [yɛ] 口を大きく開けて「イェ」と発音する
3	에 [e] 「エ」とほぼ同じく口を小さく開けて発音する		4	예 [ye] 口を小さく開けて「イェ」と発音する

◉ 1 の애 [ɛ]は口の中に指が二本入るくらい入る大きさで口を大きく開ける発音ですが、近年は에 [e] に同化。

🐯 練習1　次のハングルを書いてみよう！

1	2	3	4
エ [ɛ]	イェ [yɛ]	エ [e]	イェ [e]
애	얘	에	예
애	얘	에	예

練習 2　次の広告や看板から読める文字を見つけてみよう。

(1)

(2)

(3)

(4)

練習 3　次のハングルを書きながら、大きな声で読んでみよう。

(1)

애 子ども ＿＿＿＿＿＿　＿＿＿＿＿＿

＿＿＿＿＿　＿＿＿＿＿　＿＿＿＿＿

(2)

애 この子 ＿＿＿＿＿＿　＿＿＿＿＿＿

＿＿＿＿＿　＿＿＿＿＿　＿＿＿＿＿

(3)

에이 A ＿＿＿＿＿＿　＿＿＿＿＿＿

＿＿＿＿＿　＿＿＿＿＿　＿＿＿＿＿

(4)

예 はい ＿＿＿＿＿＿　＿＿＿＿＿＿

＿＿＿＿＿　＿＿＿＿＿　＿＿＿＿＿

아	야	어	여		오		요		우		유	으	이
애	얘	에	예	와	왜	외		워	웨	위			의

　韓国語の母音の文字には「와」「왜」「외」などのようなワ行の母音があります。これらの文字はいずれも「ㅗ(o)」や「ㅜ(u)」と他の母音の文字との合体から出来上がります。

🔊 007

	+아	와 [wa ワ]
오	+애	왜 [wɛ ウェ]
	+이	외 [we ウェ]

	+어	워 [wɔ ウォ]
우	+에	웨 [we ウェ]
	+이	위 [wi ウィ]

> 오や우とダブってできている文字は発音がw（ダブリュ）で始まるね！

　「ㅗ」と「ㅜ」の次に他の母音文字が「ダブる」ものは「w（ダブリュ）」で発音が始まり、そのあと、二つ目の母音文字の発音をすればいいです。

つまり「와」は「오+아」なので「w + a = wa ワ」、「워」は「우+어」なので「w + ɔ = wɔ ウォ」と発音すれば OK です。

　ただし「외」は「w + i = wi ウィ」ではなく、「w + e = we ウェ」と発音します。

　また、「왜」「외」「웨」はいずれも「ウェ」と発音すれば OK ですが、正確には「왜」は口を大きく開けて「ウェ」、「외」や「웨」は口を小さく開けて「ウェ」と発音します。

🐯 練習1　次のハングルを書きながら、大きな声で読んでみよう。

와	왜	외	워	웨	위
와	왜	외	워	웨	위

練習2 次の広告や看板から読める文字を見つけてみよう。

(1)

(2)

(3)

(4)

(5)

(6)

練習3 次のハングルを書きながら、大きな声で読んでみよう。

(1)

위 上 ＿＿＿＿＿＿ ＿＿＿＿＿＿

＿＿＿＿＿ ＿＿＿＿＿ ＿＿＿＿＿

(2)

와요 来ます ＿＿＿＿＿＿ ＿＿＿＿＿

＿＿＿＿＿ ＿＿＿＿＿ ＿＿＿＿＿

(3)

외워요 覚えます。 ＿＿＿＿＿＿ ＿＿＿＿＿

＿＿＿＿＿ ＿＿＿＿＿ ＿＿＿＿＿

(4)

왜 なぜ? ＿＿＿＿＿＿ ＿＿＿＿＿

＿＿＿＿＿ ＿＿＿＿＿ ＿＿＿＿＿

아	야	어	여		오		요		우		유	으	이
애	얘	에	예	와	왜	외			워	웨	위		의

　母音「으［ɯ］」と「이［i］」が組み合わさった「의［ɯi］」があります。「이［i］」の口の形で、「으［ɯ］」と「이［i］」をすばやく発音します。

◀))008

의

［ɯi ウイ］

「의」の発音はその位置などによって以下の3通りあります。

❶ 語頭では［ɯi ウイ］　　例　의외［ɯiwe］意外

❷ 語頭以外の語中、語末では［i イ］で発音することも可能

　　例　예의［예이［yei］］礼儀

❸ 助詞「～の」にあたる「의」では［e エ］で発音することも可能

　　例　아이의 우유［아이에 우유［aie uyu］］子どもの牛乳

練習1　次のハングルを書きながら、大きな声で読んでみましょう。

의 ［ɯi］ウイ	의								

練習2　次の広告や看板から読める文字を見つけてみよう。

(1)

(2)

(3)

練習3 次のハングルを書きながら、大きな声で読んでみよう。

(1)

의외 意外 ＿＿＿＿＿＿＿＿　＿＿＿＿＿＿＿＿

＿＿＿＿＿＿＿＿　＿＿＿＿＿＿＿＿

(2)

예의 礼儀 ＿＿＿＿＿＿＿＿　＿＿＿＿＿＿＿＿

＿＿＿＿＿＿＿＿　＿＿＿＿＿＿＿＿

(3)

의의 意義 ＿＿＿＿＿＿＿＿　＿＿＿＿＿＿＿＿

＿＿＿＿＿＿＿＿　＿＿＿＿＿＿＿＿

(4)

아이의 子どもの ＿＿＿＿＿＿＿＿　＿＿＿＿＿＿＿＿

＿＿＿＿＿＿＿＿　＿＿＿＿＿＿＿＿

あいさつ語を覚えよう 2　🔊 009

❶ **감사합니다.**　カムサハムニダ
ありがとうございます。

❷ **고맙습니다.**　コマプスムニダ
ありがとうございます。

❸ **미안합니다.**　ミアナムニダ
すみません。

❹ **죄송합니다.**　チュェソンハムニダ
申し訳ありません。

❺ **괜찮아요.**　クェンチャナヨ
大丈夫です。

ポイント　韓国語辞書の母音の並び方

| ㅏ | ㅐ | ㅑ | ㅒ | ㅓ | ㅔ | ㅕ | ㅖ | ㅗ | ㅘ | ㅙ | ㅚ | ㅛ |

| ㅜ | ㅝ | ㅞ | ㅟ | ㅠ | ㅡ | ㅢ | ㅣ |

3 文字と発音(2) ——子音(初声①)

ハングル文字はいずれも가、너、도、루などのように上や左に子音を表す文字、また右や下に母音を表す文字の組み合わせからできています。

가	너	도	루
カ [ka]	ニ [nɔ]	ト [to]	ル [ru]

ここでは、ハングルの子音を表す文字を①鼻音 ②流音 ③平音、④激音、⑤濃音などに分けてみます。

---

1 鼻音と流音

子音字母一覧

ㄱ	ㄴ	ㄷ	ㄹ	ㅁ	ㅂ	ㅅ	ㅇ	ㅈ
ㅊ	ㅋ	ㅌ	ㅍ	ㅎ	ㄲ	ㄸ	ㅃ	ㅆ	ㅉ

・**鼻音**は「ㄴ [n]」、「ㅁ [m]」のように呼気が鼻に抜ける音で、流音は「ㄹ [r]」のように舌先が軽く歯茎を弾く音です。

🔊010

	子音字	発音記号	発音のこつ	実際の文字
鼻音	ㄴ	[n]	ナ行の子音 [n] とほぼ同じ	ナ ニ ヌ ネ ノ 나니누네노
	ㅁ	[m]	マ行の子音 [m] とほぼ同じ	マ ミ ム メ モ 마미무메모
流音	ㄹ	[r]	ラ行の子音 [r] とほぼ同じ	ラ リ ル レ ロ 라리루레로

練習1　次のハングルを書きながら、大きな声で読んでみよう。

	ㅏ [a]	ㅣ [i]	ㅜ [u]	ㅡ [ɯ]	ㅔ [e]	ㅐ [ɛ]	ㅗ [o]	ㅓ [ɔ]
ㄴ [n]	나 [na ナ]	니 [ni ニ]	누 [nu ヌ]	느 [nɯ ヌ]	네 [ne ネ]	내 [nɛ ネ]	노 [no ノ]	너 [nɔ ノ]
ㅁ [m]	마 [ma マ]	미 [mi ミ]	무 [mu ム]	므 [mɯ ム]	메 [me メ]	매 [mɛ メ]	모 [mo モ]	머 [mɔ モ]
ㄹ [r]	라 [ra ラ]	리 [ri リ]	루 [ru ル]	르 [rɯ ル]	레 [re レ]	래 [rɛ レ]	로 [ro ロ]	러 [rɔ ロ]

 練習2　次の広告や看板から読める文字を見つけてみよう。

(1)

(2)

(3)

(4)

(5)

(1)

노래 歌 _____ _____

_____ _____ _____

(2)

어머니 お母さん _____ _____

_____ _____ _____

(3)

우리나라 我が国 _____

_____ _____ _____

(4)

무료 無料 _____ _____

_____ _____ _____

2 平音

子音字母一覧

ㄱ	ㄴ	ㄷ	ㄹ	ㅁ	ㅂ	ㅅ	ㅇ	ㅈ	
ㅊ	ㅋ	ㅌ	ㅍ	ㅎ	ㄲ	ㄸ	ㅃ	ㅆ	ㅉ

ハングル文字には発音するときの息の強さによって、「**平音**」「**濃音**」「**激音**」という区別があります。「**平音**」には、「ㄱ」「ㄷ」「ㅂ」「ㅅ」「ㅈ」の５つの子音があります。これらは発音するとき、わずかな息しか出ません。「ㅅ」を除いた「ㄱ」「ㄷ」「ㅂ」「ㅈ」は、日本語の「カタパチャ行」を気持ち弱めに発音すればいいです。

平音は語頭では濁らない音（無声音）ですが、語中では濁る音（有声音）になります。ただし、「ㅅ」はどこでも濁りません。

🔊011

	字母	語頭（単語の初め）		語中（母音と母音の間）		実際の文字*1
		発音	発音のこつ	発音	発音のこつ	
平音	ㄱ	［k］	カ行の子音［k］より気持ち弱めに発音	［g］	ガ行の子音［g］とほぼ同じ	カ キ ク ケ コ 가 기 구 게 고
	ㄷ	［t］	タ、テ、トの子音［t］より気持ち弱めに発音	［d］	ダ、デ、ドの子音［d］とほぼ同じ	タ ティ トゥ テ ト 다 디 두 데 도
	ㅂ	［p］	パ行の子音［p］より気持ち弱めに発音	［b］	バ行の子音［b］とほぼ同じ	パ ピ プ ペ ポ 바 비 부 베 보
	ㅅ	［s, ʃ］	サ行の子音［s］とほぼ同じ。ただし［i］［wi］［j］の前では［ʃ］と発音			サ シ ス セ ソ 사 시 수 세 소
	ㅈ	［tʃ］	チャ行の子音［tʃ］より気持ち弱めに発音	［dʒ］	ジャ行の子音［dʒ］とほぼ同じ	チャ チ チュ チェ チョ 자 지 주 제 조

디と두は
チやツとは
違うよ！

*1 ここでの発音は語頭に来るときの発音。

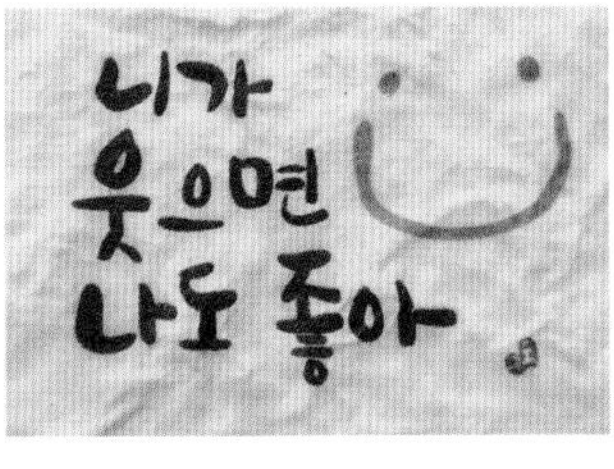

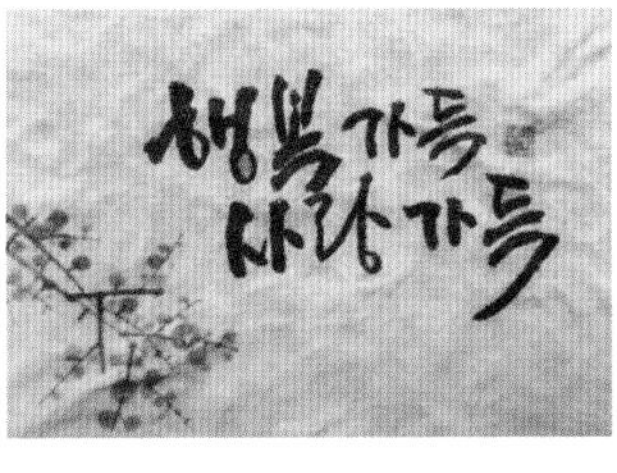

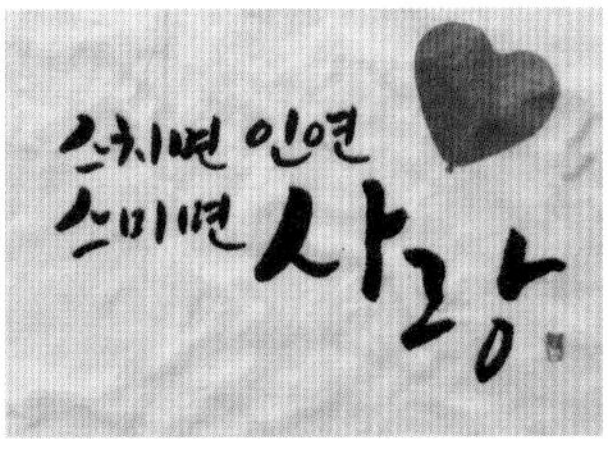

	├ [a]	│ [i]	┬ [u]	─ [ɯ]	┤ [e]	┤ [ɛ]	┴ [o]	┤ [ɔ]
ㄱ [k]	가 [ka カ]	기 [ki キ]	구 [ku ク]	그 [kɯ ク]	게 [ke ケ]	개 [kɛ ケ]	고 [ko コ]	거 [kɔ コ]
ㄷ [t]	다 [ta タ]	디 [ti ティ]	두 [tu トゥ]	드 [tɯ トゥ]	데 [te テ]	대 [tɛ テ]	도 [to ト]	더 [tɔ ト]
ㅂ [p]	바 [pa パ]	비 [pi ピ]	부 [pu プ]	브 [pɯ プ]	베 [pe ペ]	배 [pɛ ペ]	보 [po ポ]	버 [pɔ ポ]
ㅅ [s, ʃ]	사 [sa サ]	시 [ʃi シ]	수 [su ス]	스 [sɯ ス]	세 [se セ]	새 [sɛ セ]	소 [so ソ]	서 [sɔ ソ]
ㅈ [tʃ]	자 [tʃa チャ]	지 [tʃi チ]	주 [tʃu チュ]	즈 [tʃɯ チュ]	제 [tʃe チェ]	재 [tʃɛ チェ]	조 [tʃo チョ]	저 [tʃɔ チョ]

◉ **쟈쥬죠** の発音は **자주조** と同じく発音する。

発音の決まりで〈○○法則〉というのは
このテキストだけの話だよ！

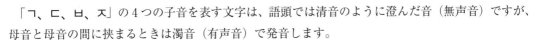

発音の決まり **有声音化①** 〈クグの法則〉

「ㄱ、ㄷ、ㅂ、ㅈ」の4つの子音を表す文字は、語頭では清音のように澄んだ音（無声音）ですが、母音と母音の間に挟まるときは濁音（有声音）で発音します。

「구구」と「부부」の場合、2文字とも同じ文字なのに、語頭と語中では発音が違います。

つまり、「구구（九九）」は、最初の「구」は「ク [ku]」、2番目の「구」は「ク [ku]」ではなく「グ [gu]」となり、「クグ [kugu]」と発音します。また、「부부（夫婦）」は「ププ [pupu]」ではなく「プブ [pubu]」と発音します。

🔊012

語頭では無声音

구구 九九 [kugu]

語中では有声音

부부 夫婦 [pubu]

ただし、ㅅ [s, ʃ] は語頭でも語中でも濁ることはなく、いつでもㅅ [s, ʃ] と発音されます。

스위스 スイス [スウィス suɯisɯ]

시소 シーソ [シーソ ʃiso]

練習 2 次の広告や看板から読める文字を見つけてみよう。

(1)

(2)

(3)

(4)

(5)

練習 3 次のハングルを書きながら、大きな声で読んでみよう。

(1)

구두 靴 ＿＿＿＿＿＿　＿＿＿＿＿＿

＿＿＿＿＿　＿＿＿＿＿　＿＿＿＿＿

(2)

바다 海 ＿＿＿＿＿＿　＿＿＿＿＿＿

＿＿＿＿＿　＿＿＿＿＿　＿＿＿＿＿

(3)

두부 豆腐 ＿＿＿＿＿＿　＿＿＿＿＿＿

＿＿＿＿＿　＿＿＿＿＿　＿＿＿＿＿

(4)

시계 時計 ＿＿＿＿＿＿　＿＿＿＿＿＿

＿＿＿＿＿　＿＿＿＿＿　＿＿＿＿＿

発音の決まり　合成母音の弱音化　〈 シゲの法則〉

「예 , 얘 , 례」以外の「계 , 걔 , 쟤 , 폐」などの「ㅖ , ㅒ」の発音は［ㅔ , ㅐ］とも発音します。つまり、子音の次に「ㅖ , ㅒ」が入っている場合、［ye, yɛ］などの半母音の［y］の部分の発音が弱まったり、消えてしまって［e, ɛ］と発音したりします。　🔊013

시계 時計
〈表記〉

시계 / 시게
〈発音〉

▶ あいさつ語を覚えよう 3　🔊014

❶ **안녕히 가세요.**　アンニョンイ ガセヨ。
さようなら。（立ち去る人に対して）

❷ **안녕히 계세요.**　アンニョンイ ゲセヨ。
さようなら。（その場に残る人に対して）

❸ **안녕히 주무세요.**　アンニョンイ ジュムセヨ。
お休みなさい。

4 文字と発音⑶ ——子音（初声②）

1 激音

子音字母一覧

ㄱ	ㄴ	ㄷ	ㄹ	ㅁ	ㅂ	ㅅ	ㅇ	ㅈ	
ㅊ	ㅋ	ㅌ	ㅍ	ㅎ	ㄲ	ㄸ	ㅃ	ㅆ	ㅉ

　ハングル文字には発音するとき、「ㄱ」「ㄷ」「ㅂ」「ㅈ」の「**平音**」よりもっと息を強く出す、「ㅊ」「ㅋ」「ㅌ」「ㅍ」「ㅎ」の「**激音**」というのがあります。**激音**は語中でも濁ることはありません。

　口当たりにティッシュペーパーを当てて音の出し方を確認してみましたら目に見えてわかります。平音の発音は紙の揺れがそれほどありませんが、息を強く噴き出す激音の場合は紙の揺れが激しいです。

🔊 015

바 [pa]　　　　　　파 [pʰa]

🔊 016

	激音	発音のこつ	実際の文字
1	ㅊ [ʧʰ]	強い息を出しながら、チャ行の子音を発音する	_{チャ}차 _チ치 _{チュ}츠 _{チェ}체 _{チョ}초
2	ㅋ [kʰ]	強い息を出しながら、カ行の子音を発音する	_カ카 _キ키 _ク쿠 _ケ케 _コ코
3	ㅌ [tʰ]	強い息を出しながら、タ行の子音を発音する	_タ타 _{ティ}티 _{トゥ}투 _テ테 _ト토
4	ㅍ [pʰ]	強い息を出しながら、パ行の子音を発音する	_パ파 _ピ피 _プ푸 _ペ페 _ポ포
5	ㅎ [h]	ハ行の子音を発音する	_ハ하 _ヒ히 _フ후 _ヘ헤 _ホ호

티と투はチやツとは違うよ！

	├ [a]	│ [i]	⊤ [u]	— [ɯ]	ㅔ [e]	ㅐ [ɛ]	ㅗ [o]	ㅓ [ɔ]
ㅊ [tʃʰ]	차 [tʃʰa チャ]	치 [tʃʰi チ]	추 [tʃʰu チュ]	츠 [tʃʰɯ チュ]	체 [tʃʰe チェ]	채 [tʃʰɛ チェ]	초 [tʃʰo チョ]	처 [tʃʰɔ チョ]
ㅋ [kʰ]	카 [kʰa カ]	키 [kʰi キ]	쿠 [kʰu ク]	크 [kʰɯ ク]	케 [kʰe ケ]	캐 [kʰɛ ケ]	코 [kʰo コ]	커 [kʰɔ コ]
ㅌ [tʰ]	타 [tʰa タ]	티 [tʰi ティ]	투 [tʰu トゥ]	트 [tʰɯ トゥ]	테 [tʰe テ]	태 [tʰɛ テ]	토 [tʰo ト]	터 [tʰɔ ト]
ㅍ [pʰ]	파 [pʰa パ]	피 [pʰi ピ]	푸 [pʰu プ]	프 [pʰɯ プ]	페 [pʰe ペ]	패 [pʰɛ ペ]	포 [pʰo ポ]	퍼 [pʰɔ ポ]
ㅎ [h]	하 [ha ハ]	히 [hi ヒ]	후 [hu フ]	흐 [hɯ フ]	헤 [he ヘ]	해 [hɛ ヘ]	호 [ho ホ]	허 [hɔ ホ]

● 챠츄쵸 の発音は 차추초 と同じ発音をします。

練習2　次の広告や看板から読める文字を見つけてみよう。

(1)

(2)

(3)

(4)

(5)

練習3　次のハングルを書きながら、大きな声で読んでみよう。

(1)

커피 コーヒー ＿＿＿＿＿＿　＿＿＿＿＿＿

＿＿＿＿＿＿　＿＿＿＿＿＿　＿＿＿＿＿＿

(2)

스케치 スケッチ ＿＿＿＿＿＿　＿＿＿＿＿＿

＿＿＿＿＿＿　＿＿＿＿＿＿　＿＿＿＿＿＿

(3)

토마토 トマト ＿＿＿＿＿＿　＿＿＿＿＿＿

＿＿＿＿＿＿　＿＿＿＿＿＿　＿＿＿＿＿＿

(4)

아파트 マンション ＿＿＿＿＿＿　＿＿＿＿＿＿

＿＿＿＿＿＿　＿＿＿＿＿＿　＿＿＿＿＿＿

「きらきら星」に載せて「カナダラ」の歌を歌ってみましょう。

ハングルの文字と発音

子音字母一覧

ㄱ	ㄴ	ㄷ	ㄹ	ㅁ	ㅂ	ㅅ	ㅇ	ㅈ
ㅊ	ㅋ	ㅌ	ㅍ	ㅎ	ㄲ	ㄸ	ㅃ	ㅆ	ㅉ

　ハングル文字の中には、ㄲ, ㄸ, ㅃ, ㅆ, ㅉのように平音の字母を二つ並べて書くものがあります。これを濃音と言います。韓国語の濃音は日本語の促音「ッ」を発音するときと同じように声帯の緊張を伴いますが、さらに強く緊張させて出す音です。濃音を発音するときは息を出さないように、喉を強く絞める感じで発音するようにしましょう。濃音は語中でも濁ることはありません。

🔊 018

	濃音	発音のこつ	実際の文字
1	ㄲ [ʔk]	까は「アッカ」の「ッカ」に似た音	ッカ ッキ ック ッケ ッコ 까 끼 꾸 께 꼬
2	ㄸ [ʔt]	따は「アッタ」の「ッタ」に似た音	ッタ ッティ ットゥ ッテ ット 따 띠 뚜 떼 또
3	ㅃ [ʔp]	빠は「アッパ」の「ッパ」に似た音	ッパ ッピ ップ ッペ ッポ 빠 삐 뿌 뻬 뽀
4	ㅆ [ʔs, ʔʃ]	싸は「アッサ」の「ッサ」に似た音	ッサ ッシ ッス ッセ ッソ 싸 씨 쑤 쎄 쏘
5	ㅉ [ʔtʃ]	짜は「アッチャ」の「ッチャ」に似た音	ッチャ ッチ ッチュ ッチェ ッチョ 짜 찌 쭈 쩨 쪼

	ㅏ [a]	ㅣ [i]	ㅜ [u]	ㅡ [ɯ]	ㅔ [e]	ㅐ [ɛ]	ㅗ [o]	ㅓ [ɔ]
ㄲ [ˀk]	까 [ˀka ッカ]	끼 [ˀki ッキ]	꾸 [ˀku ック]	끄 [ˀkɯ ック]	께 [ˀke ッケ]	깨 [ˀkɛ ッケ]	꼬 [ˀko ッケ]	꺼 [ˀkɔ ッコ]
ㄸ [ˀt]	따 [ˀta ッタ]	띠 [ˀti ッティ]	뚜 [ˀtu ットゥ]	뜨 [ˀtɯ ットゥ]	떼 [ˀte ッテ]	때 [ˀtɛ ッテ]	또 [ˀto ット]	떠 [ˀtɔ ット]
ㅃ [ˀp]	빠 [ˀpa ッパ]	삐 [ˀpi ッピ]	뿌 [ˀpu ップ]	쁘 [ˀpɯ ッ]	뻬 [ˀpe ッペ]	빼 [ˀpɛ ッペ]	뽀 [ˀpo ッポ]	뻐 [ˀpɔ ッポ]
ㅆ [ˀs, ˀʃ]	싸 [ˀsa ッサ]	씨 [ˀʃi ッシ]	쑤 [ˀsu ッス]	쓰 [ˀsɯ ッス]	쎄 [ˀse ッセ]	쌔 [ˀsɛ ッセ]	쏘 [ˀso ッソ]	써 [ˀsɔ ッソ]
ㅉ [ˀtʃ]	짜 [ˀtʃa ッチャ]	찌 [ˀtʃi ッチ]	쭈 [ˀtʃu ッチュ]	쯔 [ˀtʃɯ ッチュ]	쩨 [ˀtʃe ッチェ]	째 [ˀtʃɛ ッチェ]	쪼 [ˀtʃo ッチョ]	쩌 [ˀtʃɔ ッチョ]

(1)

(2)

(3)

(4)

(5)

練習3 次のハングルを書きながら、大きな声で読んでみよう。

(1)

오빠 (妹から見て) 兄 ＿＿＿＿＿＿　＿＿＿＿＿＿

＿＿＿＿＿＿　＿＿＿＿＿＿

(2)

찌개 鍋物 ＿＿＿＿＿＿　＿＿＿＿＿＿

＿＿＿＿＿＿　＿＿＿＿＿＿

(3)

까치 カササギ ＿＿＿＿＿＿　＿＿＿＿＿＿

＿＿＿＿＿＿　＿＿＿＿＿＿

(4)

때때로 時々 ＿＿＿＿＿＿　＿＿＿＿＿＿

＿＿＿＿＿＿　＿＿＿＿＿＿

① **여보세요.**　ヨボセヨ

（電話口で）もしもし。

② **저기요.**　チョギヨ

（お店などで）すみません。

③ **여기요.**　ヨギヨ

（お店などで）すみません。

④ **잘 먹겠습니다.**　チャル モッケッスムニダ

（食事のとき）いただきます。

⑤ **잘 먹었습니다.**　チャル モゴッスムニダ

（食事のあと）ごちそうさまでした。

5 文字と発音⑷ ──子音（終声〈パッチム〉）

1 鼻音と流音のパッチムの発音

パッチム文字一覧

ㄱ	ㄴ	ㄷ	ㄹ	ㅁ	ㅂ	ㅅ	ㅇ	ㅈ
ㅊ	ㅋ	ㅌ	ㅍ	ㅎ	ㄲ	ㅆ		

　これまで **아이우에오** のような母音だけの文字、または **가니두레모** などのような子音＋母音の文字を勉強してきましたが、ハングルの文字においては **간갈감강** などのように子音＋母音＋子音などのように母音の下にもう一つ子音字がつくものがあります。その最後の子音字をパッチム（**받침**）、または終声とも言います。

🔊 020

	字母	発音	発音のこつ	実際の文字
鼻音	ㄴ	[n]	「안」は「アンナ」と発音するときの「アン」	간 난 단 란 カン ナン タン ラン
	ㅁ	[m]	「암」は「アンマ」と発音するときの「アン」	감 남 담 람 カム ナム タム ラム
	ㅇ	[ŋ]	「앙」は「アンガ」と発音するときの「アン」	강 낭 당 랑 カン ナン タン ラン
流音	ㄹ	[l]	舌先を上あごに軽くつけて発音する	갈 날 달 랄 カル ナル タル ラル

🐯 練習1　次の空欄にハングルを書きながら、大きな声で読んでみよう。

	아[a]	이[i]	우[u]	으[ɯ]	에[e]	애[ɛ]	오[o]	어[ɔ]
ㄴ[n]			운		엔		온	
ㅁ[m]	암			음				엄
ㅇ[ŋ]		잉				앵		
ㄹ[l]	알					앨		

発音の決まり　有声音化② 〈カルビの法則〉

「갈비」や「불고기」という単語は読めますか。

そうそう！「カルビ」と「プルゴギ」ですね。

「갈비」や「불고기」は一字一字を読むと「カルピ」と「プルコキ」ですが、パッチム「ㄴ、ㄹ、ㅁ、ㅇ」の次に「ㄱ (k)、ㄷ (t)、ㅂ (p)、ㅈ (tʃ)」などが続くとき、「ㄱ、ㄷ、ㅂ、ㅈ」は「ㄱ (g)、ㄷ (d)、ㅂ (b)、ㅈ (dʒ)」のように有声音化して「カルビ」と「プルゴギ」になります。つまりパッチム「ㄴ、ㄹ、ㅁ、ㅇ」と母音の間に挟まれた「ㄱ、ㄷ、ㅂ、ㅈ」は濁ります。ただし、表記は変わりありません。 🔊021

갈비 （カルピ→カルビ）　カルビ
〈表記〉　　　　　〈発音〉

명동 （ミョントン→ミョンドン）　明洞
〈表記〉　　　　　〈発音〉

🐯 練習　次の単語を例のように発音どおり書いて、読んでみましょう。

例　갈비 カルビ ──（カルピ→カルビ）

(1) 순대 スンデ　　　──（　　　　　　→　　　　　　）

(2) 일본 日本　　　──（　　　　　　→　　　　　　）

(3) 강당 講堂　　　──（　　　　　　→　　　　　　）

(4) 감기 （感気）風邪　──（　　　　　　→　　　　　　）

(5) 자전거 自転車　──（　　　　　　→　　　　　　）

41

 練習2 次の広告や看板から読める文字を見つけてみよう。

(1)

(2)

(3)

(4)

(5)

 練習3 次のハングルを書きながら、大きな声で読んでみよう。

(1) FRIEND OF A FRIEND OF A FRIEND…

친구의 친구
인생과 커리어가 바뀌는 '약한 연결'의 힘

(2)

친구 (親旧) 友だち ＿＿＿＿＿＿＿ ＿＿＿＿＿＿＿

＿＿＿＿＿＿＿ ＿＿＿＿＿＿＿ ＿＿＿＿＿＿＿

사랑 愛 ＿＿＿＿＿＿＿ ＿＿＿＿＿＿＿

＿＿＿＿＿＿＿ ＿＿＿＿＿＿＿ ＿＿＿＿＿＿＿

(3)

(4)

감자 じゃがいも ＿＿＿＿＿＿＿ ＿＿＿＿＿＿＿

＿＿＿＿＿＿＿ ＿＿＿＿＿＿＿ ＿＿＿＿＿＿＿

한글 ハングル ＿＿＿＿＿＿＿ ＿＿＿＿＿＿＿

＿＿＿＿＿＿＿ ＿＿＿＿＿＿＿ ＿＿＿＿＿＿＿

発音の決まり 連音化（リエゾン）〈チヂミの法則〉

　パッチムがある文字の次に母音（○で表記）で始まる文字が来ると、前のパッチムは次の音節の初声として発音されます。これを連音化（リエゾン）と言います。ただし、表記は変わりありません。

🔊022

パッチムの文字を次の音節の初声として発音

지짐이 [지지미] チヂミ

〔tʃidʒim i〕　〔tʃidʒi mi〕
〈表記〉　　　〈発音〉

서울에 [서우레] ソウルに

〔sɔul e〕　〔sɔure〕
〈表記〉　　　〈発音〉

　ただし、パッチムが○のときは連音化せずに発音します。

종이 [종이] 紙

〔tʃoŋ-i〕　〔tʃoŋ-i〕
〈表記〉　　　〈発音〉

방에 [방에] 部屋に

〔paŋ-e〕　〔paŋ-e〕
〈表記〉　　　〈発音〉

練習　次の単語を例のように発音どおり書いて、読んでみましょう。

例　목요일 木曜日 ──（모교일──モギョイル）

(1)　외국어 外国語　　──（　　　　　　　──　　　　　　　）

(2)　금요일 金曜日　　──（　　　　　　　──　　　　　　　）

(3)　음악 音楽　　──（　　　　　　　──　　　　　　　）

(4)　만 원 1万ウォン　　──（　　　　　　　──　　　　　　　）

(5)　빗을 クシを　　──（　　　　　　　──　　　　　　　）

(6)　상어 サメ　　──（　　　　　　　──　　　　　　　）

パッチム文字一覧

ㄱ	ㄴ	ㄷ	ㄹ	ㅁ	ㅂ	ㅅ	ㅇ	ㅈ
ㅊ	ㅋ	ㅌ	ㅍ	ㅎ	ㄲ	ㅆ	ㄱ	

ㄱ、ㅋ、ㄷ、ㅌ、ㅂ、ㅍ などはパッチムとして用いられるとき、発音は口構えだけで，息は出しません。表記上は閉鎖音のパッチムの種類は多いですが、発音は3つしかありません。

 023

	字母	発音	発音のこつ	実際の文字
閉鎖音	ㄱ (ㅋ ㄲ)	[k]	악악앆 は「アッカ」というときの「アッ」	アク カク ナク タク 악 각 낙 닥
	ㄷ (ㅌ, ㅅ, ㅆ, ㅈ, ㅊ, ㅎ)	[t]	앋앝앗았앚앛앟 は「アッタ」というときの「アッ」	アッ カッ ナッ タッ 앋 갇 낟 닫
	ㅂ (ㅍ)	[p]	압앞 は「アッパ」というときの「アッ」	アプ カプ ナプ タプ 압 갑 납 답

🐯 **練習1** 次の空欄にハングルを書きながら、大きな声で読んでみよう。

	아[a]	이[i]	우[u]	으[ɯ]	에[e]	애[ɛ]	오[o]	어[ɔ]
ㄱ [k]		익				액		
ㄷ [t]			욷					얻
ㅂ [p]	압					엡		

(1)

집 家 _____ _____

_____ _____

(2)

도착 到着 _____ _____

_____ _____

(3)

떡 お餅 _____ _____

_____ _____

(4)

꽃 花 _____ _____

_____ _____

(5)

팥빙수 パッビンス _____ _____

_____ _____

(6)

부엌 台所 _____ _____

_____ _____

ハングルの文字と発音

3 身体の名称

* 「머리」には「頭」と「髪」という意味があります。
* 「다리」は「脚」、「발」は「足」です。

4 二重パッチム

二重パッチム文字一覧

🔊024

ㄳ	ㄵ	ㄶ	ㄺ	ㄻ	ㄼ	ㅀ	ㄾ	ㄿ	ㅄ

　ハングル文字の中には、二つの子音字母からなるパッチム、即ち「二重パッチム」というものがあります。パッチムの字母が二つあっても、左か右か、その中の一つだけを読みます。しかし、「二重パッチム」の次に母音が付く場合は、二つのうち左側の子音字母をパッチムとして読み、右側の子音字母は後続する「ㅇ」に連音させて読みます。これが二重パッチムの存在理由ですね！！

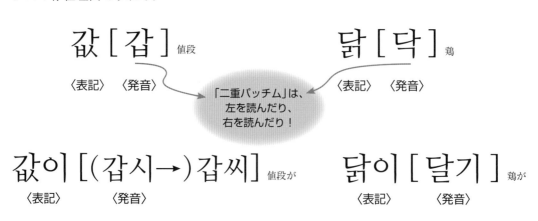

값 [갑]値段
〈表記〉 〈発音〉

닭 [닥]鶏
〈表記〉 〈発音〉

「二重パッチム」は、
左を読んだり、
右を読んだり！

값이 [（갑시→）갑씨]値段が
〈表記〉 〈発音〉

닭이 [달기]鶏が
〈表記〉 〈発音〉

	発音	パッチム	語彙		発音	
			語彙・意味	単独の発音	母音が続く場合	
1	[ㄱ/k]	ㄺ	읽다 読む 닭 鶏	[익따] [닥]	읽어요 [일거요] 読みます 닭이 [달기] 鶏が	
		ㄳ	몫 分け前	[목]	몫이 [목씨] 分け前が	
2	[ㄴ/n]	ㄵ	앉다 座る	[안따]	앉아요 [안자요] 座ります	
		ㄶ	많다 多い	[만타]	많아요 [마나요] 多いです	
3	[ㄹ/l]	ㄼ	넓다 広い 짧다 短い 여덟 八つ	[널따] [짤따] [여덜]	넓어요 [널버요] 広いです 짧아요 [짤바요] 短いです 여덟이 [여덜비] 八つが	
		ㄽ	외곬 一本気	[외골]	외곬으로 [외골쓰로] 一本気で	
		ㄾ	핥다 なめる	[할따]	핥아요 [할타요] なめます	
		ㅀ	싫다 いやだ	[실타]	싫어요 [시러요] いやです	
4	[ㅁ/m]	ㄻ	젊다 若い 삶 生	[점따] [삼]	젊어요 [절머요] 若いです 삶이 [살미] 人生が	
5	[ㅂ/p]	ㅄ	값 値段 없다 無い	[갑] [업따]	값이 [갑씨] 値段が 없어요 [업써요] ないです	
		*ㄼ (例外)	밟다 踏む	[밥따]	밟아요 [발바요] 踏みます	
		ㄿ	읊다 詠む	[읍따]	읊어요 [을퍼요] 詠みます	

数字の 20 に似ている ㄻ、
数字の 27 に似ている ㄺ は
パッチムの右側を読めばいいんだね！
つまり「삶」は [삼]、「흙」は [흑] !!

練習 次の単語を例のように発音どおり書いて、読んでみましょう。

例 삶 / 삶이 人生/人生が ──（삼 / 살미）

(1) 여덟 / 여덟이 八つ／八つが ──（　　　　　 /　　　　　）

(2) 몫 / 몫이 分け前／分け前が ──（　　　　　 /　　　　　）

(3) 앉아요 座ります ──（　　　　　　　　　　）

(4) 없어요 ないです ──（　　　　　　　　　　）

(5) 젊어요 若いです ──（　　　　　　　　　　）

(6) 흙 / 흙이 土／土が ──（　　　　　 /　　　　　）

▶ あいさつ語を覚えよう 5　🔊026

❶ 다녀오겠습니다.　タニョオゲッスムニダ
行ってきます。

❷ 다녀왔습니다.　タニョワッスムニダ
ただいま。

❸ 다녀오세요.　タニョオセヨ
行っていらっしゃい。

ポイント 子音の並び方

韓国ではハングルの子音を習うとき、

가 나 다 라 마 바 사 아 자 차 카 타 파 하

という順番で覚えます。なお、辞書などでは下の順序で単語が並んいます。

ㄱ ㄲ ㄴ ㄷ ㄸ ㄹ ㅁ ㅂ ㅃ ㅅ ㅆ ㅇ ㅈ ㅉ ㅊ ㅋ ㅌ ㅍ ㅎ

ㄱ ㅏ ㄴ ㅏ ㄷ ㅏ
ㄹ ㅏ ㅁ ㅏ ㅂ ㅏ
ㅅ ㅏ ㅇ ㅏ ㅈ ㅏ
ㅊ ㅏ ㅋ ㅏ ㅌ ㅏ
ㅍ ㅏ ㅎ ㅏ

第2部
会話と文法

안녕하세요?

こんにちは。

スキル　あいさつを交わし、簡単な自己紹介ができる。

学習ポイント　-이에요 / 예요　-은 / 는　-이 / 가 아니에요

❶ 유진 : 안녕하세요? 저는 김유진이에요.

ユジン：アンニョンハセヨ？ チョヌン キムユジニエヨ。

❷ 레오 : 안녕하세요? 제 이름은 스즈키 레오예요.

レオ：　アンニョンハセヨ？ チェ イルムン　スズキ　　レオイエヨ。

❸ 유진 : 레오 씨는 어느 나라 사람이에요?

ユジン：レオッシヌン　　オヌ　ナラ　　サラミエヨ？

❹ 레오 : 저는 일본 사람이에요. 유진 씨는 한국 사람이에요?

レオ：　チョヌン イルボン サラミエヨ。　ユジンシヌン　　ハングク サラミエヨ？

❺ 유진 : 네, 저는 한국 사람이에요. 레오 씨는 대학생이에요?

ユジン：ネ、チョヌン　ハングク サラミエヨ。　　レオッシヌン　　テハクセンイエヨ？

❻ 레오 : 아니요, 저는 대학생이 아니에요. 저는 고등학생이에요.

レオ：　アニヨ、　　チョヌン テハクセンイ アニエヨ。　チョヌン コドゥンハクセンイエヨ。

❼ 유진 : 저는 대학생이에요. 만나서 반갑습니다.

ユジン：チョヌン テハクセンイエヨ。　マンナソ　パンガプスムニダ。

❽ 레오 : 네, 만나서 반갑습니다.

レオ：　ネ、　マンナソ　パンガプスムニダ。

※フリガナを付けましたが、赤シートで隠して読んでみたり聞いたりしてみましょう。

本文の語彙や表現

① 안녕하세요：こんにちは，저：私

② 제：私の，이름：名前

③ 씨：さん，어느：どこの

　나라：国，사람：人

④ 일본 사람：日本人，한국 사람：韓国人

⑤ *네：はい，대학생：大学生

⑥ *아니요：いいえ

　고등학생：高校生（高等学生）

⑦ 만나서 반갑습니다：お会いできてうれしいです

* ‘네’の代わりに‘예’[イェ]、‘아니요’の代わりに略語である‘아뇨’[アニョ]を使っても大丈夫です。

本文の日本語訳

① ユジン：こんにちは。私は金ユジンです。

② レオ：　こんにちは。私の名前は鈴木レオです。

③ ユジン：レオさんは、どこの国の人ですか。

④ レオ：　私は、日本人です。

　　　　　ユジンさんは韓国人ですか。

⑤ ユジン：はい、私は韓国人です。

　　　　　レオさんは、大学生ですか。

⑥ レオ：　いいえ、私は大学生ではありません。

　　　　　私は高校生です。

⑦ ユジン：私は大学生です。

　　　　　お会いできてうれしいです。

⑧ レオ：　はい。お会いできてうれしいです。

第 **1** 課

もっと知っておきたい言葉 (1) 　**나라 & 사람** (国&人)　🔊028

영국 [ヨングク]

중국 [チュングク]

캐나다 [ケナダ]

프랑스 [フランス]

한국 [ハングク]

미국 [ミグク]

일본 [イルボン]

필리핀 [ピルリピン]

케냐 [ケニャ]

브라질 [ブラジル]

나이지리아 [ナイジリア]

호주 [ホジュ]

※各国名の後に「사람」を付けると、その国の人を表します。

직업 （職業）　　　🔊) 029

学生 [ハクセン] 学生　　　　　　중학생 [チュンハクセン] 中学生

고등학생 [コドゥンハクセン] 高校生（高等学生）　　대학생 [テハクセン] 大学生

* '학생' の代わりに '학교 [ハッキョ] 学校' をつければ各学校になります。

일 학년 [일학년 イルハンニョン] 1年生（1学年）　　이 학년 [이학년 イハンニョン] 2年生（2学年）

삼 학년 [삼학년 サムハンニョン] 3年生（3学年）　　사 학년 [사학년 サハンニョン] 4年生（4学年）

※「일학년、이학년、삼학년、사학년」のように分かち書きしなくても大丈夫です。

선생님 [ソンセンニム]
先生

의사 [ウイサ]
医者

간호사 [カンホサ]
看護師

배우 [ベウ]
俳優

가수 [カス]
歌手

주부 [チュブ]
主婦

회사원 [フェサウォン]
会社員

요리사 [ヨリサ]
料理師

운동선수 [ウンドンソンス]
運動選手

경찰관 [キョンチャルグヮン]
警察官

기자 [キジャ]
記者

운전기사 [ウンジョンギサ]
運転手

学習ポイント⑴　–은 / 는　–이에요(?)/ 예요(?)　〜は　〜です(か)

1·1　–이에요(?) / 예요(?)　〜です(か)

「–이에요 / 예요」は、丁寧でうちとけた文体で、名詞の後に用いて叙述や疑問を表します。疑問文の場合には最後に「?」を付け、イントネーションを上げます。名詞の最後の音節にパッチムがあれば「–이에요(?)」、なければ「–예요(?)」を使います。

	〜です	〜ですか
パッチム（○）	–이에요	–이에요?
パッチム（×）	–예요	–예요?

練習 1　例のように完成してみよう。

	〜です	〜ですか
例 학생	학생이에요.	학생이에요?
例 의사	의사예요.	의사예요?
❶ 한국 사람		
❷ 간호사		
❸ 회사원		
❹ 배우		

1·2　–은 / 는　〜は

「–은 / 는」は、日本語の「は」にあたり、名詞の後につけて誰かや何かを紹介するとき、また何かを強調するときなど、話題を表します。名詞の最後の音節にパッチムがあれば「–은」、なければ「–는」を使います。

	〜は
パッチム（○）	–은
パッチム（×）	–는

	–은 / 는
例 이름	이름은
例 저	저는
❶ 의사	
❷ 가수	
❸ 선생님	
❹ 직업	

練習 2 例のように完成してみよう。

例 저 / 스즈키 레오　　저는 스즈키 레오예요.

❶ 저 / 다나카 사토시　　⟶ _____ .

❷ 이름 / 김유진　　⟶ _____ .

❸ 직업 / 간호사　　⟶ _____ .

❹ 선생님 / 한국 사람　　⟶ _____ .

練習 3 韓国語は日本語、日本語は韓国語に訳してみよう。

❶ 제 이름은 스즈키 나나코예요.　　_____ .

❷ 나나코 씨는 일본 사람이에요?　　_____ .

❸ 金ユジンさんは、大学生です。　　_____ .

❹ 先生は、韓国人ですか。　　_____ .

学習ポイント(2)　　-은 / 는 어느 나라 사람이에요?　～はどこの国の人ですか。

相手の出身地を尋ねるときに用いられる表現です。返事は、「-은 / 는 나라 이름 + 사람이에요」（「～は国名 + 人です。」）のようになります。

가 : 레오 씨는 어느 나라 사람이에요?　　나 : 저는 일본 사람이에요.

가 : 선생님은 어느 나라 사람이에요?　　나 : 선생님은 한국 사람이에요.

学習ポイント(3)　　- 이 / 가 아니에요.　～ではありません。

「-예요 / 이에요」の否定形です。「-이 / 가」は名詞の後につけて、その名詞の最後の音節にパッチムがあれば「-이」、なければ「-가」を使います。話すときは、省略されたりします。

	～ではありません
パッチム（○）	-이 아니에요
パッチム（×）	-가 아니에요

선생님은 일본 사람이 아니에요.

저는 가수가 아니에요.

練習 1　例のように完成してみよう。

	～ではありません。
例 일본 사람	일본 사람이 아니에요.
例 가수	가수가 아니에요.
❶ 의사	
❷ 회사원	
❸ 대학생	
❹ 간호사	

🦉 **練習❷** 例のように完成してみよう。

> 例 저 / 선생님　　저는 선생님이 아니에요.

❶ 마이클 / 고등학생　　　　　　　　　　　　　　　　　　　　　　　.

❷ 저 / 간호사　　　　　　　　　　　　　　　　　　　　　　　　　　.

❸ 레오 씨 / 가수　　　　　　　　　　　　　　　　　　　　　　　　.

❹ 선생님 / 일본 사람　　　　　　　　　　　　　　　　　　　　　　.

🦉 **練習❸** 韓国語は日本語、日本語は韓国語に訳してみよう。

❶ 저는 대학생이 아니에요.　　　　　　　　　　　　　　　　　　　.

❷ 에리카 씨는 의사가 아니에요.　　　　　　　　　　　　　　　　.

❸ 私の名前は、鈴木奈々子ではありません。　　　　　　　　　　.

❹ 先生は、韓国人ではありません。　　　　　　　　　　　　　　　.

 하니 선생님의 발음 클리닉　　　● ハニ先生の発音クリニック ●

韓国語は文字と発音が異なることが多くて、苦労している学習者も少なくありません。
これからいくつかの発音規則を紹介するので、必ず口に出して練習してください。

🦋 **발음 (発音) ——連音化①**

パッチム＋母音（で始まる助詞や語尾、接尾語）→パッチムの音が「ㅇ」のところに移される。

- 이름＋은 → [이르믄 ィルムン]
- 사람＋이에요 → [사라미에요 サラミエヨ]
- 선생님＋이 아니에요 → [선생니미 아니에요 ソンセンニミ　アニエヨ]

できる！ 묻고 말해 봐요! ●聞いて話してみよう！

1 例のように書いて話してみよう。

例

레오 / 학생

가 : 레오 씨는 학생이에요?

나 : 네, 레오 씨는 학생이에요.

(1)

웨이 / 선생님

가 : 웨이 씨는 선생님이에요?

나 : 네, 웨이 씨는 ＿＿＿＿＿＿＿＿＿＿＿.

(2)

마이클 / 회사원

가 : 마이클 씨는 회사원이에요?

나 : 네, ＿＿＿＿＿＿＿＿＿＿＿＿＿＿.

(3)

자스민 / 배우

가 : 자스민 씨는 ＿＿＿＿＿＿＿＿＿?

나 : 네, ＿＿＿＿＿＿＿＿＿＿＿＿＿.

(4)

티란 / 간호사

가 : ＿＿＿＿＿＿＿＿＿＿＿＿＿＿?

나 : ＿＿＿＿＿＿＿＿＿＿＿＿＿＿.

例
 유진 / 한국

가 : 유진 씨는 어느 나라 사람이에요?

나 : 유진 씨는 한국 사람이에요.

(1) 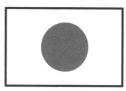 에리카 / 일본

가 : 에리카 씨는 어느 나라 사람이에요?

나 : 에리카 씨는 _____.

(2)  마이클 / 미국

가 : 마이클 씨는 어느 나라 사람이에요?

나 : 마이클 씨는 _____.

(3)  제니 / 필리핀

가 : 제니 씨는 _____?

나 : 제니 씨는 _____.

(4)  웨이 / 중국

가 : _____?

나 : _____.

3 例のように書いて話してみよう。

例

레오

가 : 레오 씨는 중국 사람이에요?

나 : 아니요, 레오 씨는 중국 사람이 아니에요.
　　레오 씨는 일본 사람이에요.

(1)

제니

가 : 제니 씨는 일본 사람이에요?

나 : 아니요, 제니 씨는 일본 사람＿＿＿＿＿.
　　제니 씨는 ＿＿＿＿＿＿＿＿＿＿＿.

(2)

마이클

가 : 마이클 씨는 한국 사람이에요?

나 : 아니요, 마이클 씨는 ＿＿＿＿＿.
　　마이클 씨는 ＿＿＿＿＿＿＿＿.

(3)

웨이

가 : 웨이 씨는 의사예요?

나 : 아니요, 웨이 씨는 ＿＿＿＿＿.
　　웨이 씨는 ＿＿＿＿＿＿＿＿.

(4)

나나

가 : 나나 씨는 간호사예요?

나 : ＿＿＿＿＿＿＿＿＿＿＿＿＿.
　　＿＿＿＿＿＿＿＿＿＿＿＿＿.

読んで表を完成してみよう。

안녕하세요? 제 이름은 김유나예요. 저는 하나고등학교 3학년이에요. 저는 한국 사람이에요. 만나서 반갑습니다.	이름	
	나라	
	직업	

ユナさんのように自己紹介を書いて、話してみよう。

자기소개

안녕하세요?

제 이름은 _____ .

저는 _____ .

저는 _____ .

만나서 반갑습니다.

하니 선생님의 한마디　　　　　　　　　　●八二先生の一言●

自己紹介はできるようになりましたか。数字の数え方はまだ習っていないですが、ここでは語彙として覚えて、自分の学校と学年も含めて必ず口に出して自己紹介をしてみましょう。

そして、パッチムではない'ㅎ'の発音は、その前の音節が母音やパッチム'ㄴ'、'ㄹ'、'ㅁ'、'ㅇ'である場合は'ㅎ'が弱化され、次のように発音することが多いです。

일 학년 [이랑년 ィランニョン]　　　**삼** 학년 [사망년 サマンニョン]

※1課以降ではパッチム'ㄴ'、'ㄹ'、'ㅁ'の後につづく'ㅎ'の発音は弱化された音で表記しています。

第 1 課

◀)) 030

안녕하세요?
[アンニョンハセヨ]

안녕하세요?
[アンニョンハセヨ]

안녕히 가세요
[アンニョンヒガセヨ]

안녕히 계세요
[アンニョンヒゲセヨ]

감사합니다. [カムサハムニダ]
고맙습니다. [コマプスムニダ]

괜찮아요.
[クェンチャナヨ]

죄송합니다.
[チュェソンハムニダ]

아니에요. [アニエヨ]
천만에요. [チョンマネヨ]

안녕?
[アンニョン]

처음 뵙겠습니다.
[チョウム プェプケッスムニダ]

안녕?
[アンニョン]

처음 뵙겠습니다.
[チョウム プェプケッスムニダ]

잘 먹겠습니다.
[チャル モッケッスムニダ]

잘 먹었습니다.
[チャル モゴッスムニダ]

콘서트장에 가요.

コンサート会場に行きます。

🔊 031

❶ 유진 : **에리카 씨, 오늘 뭐 해요?**

ユジン：エリカッシ、　　　オヌル　ムォ　ヘヨ？

❷ 에리카 : **케이팝 콘서트장에 가요.**

エリカ：　ケイパプ　コンソトゥジャンエ　カヨ。

❸ 유진 : **에리카 씨는 케이팝을 좋아해요?**

ユジン：エリカッシヌン　　　ケイパブル　　　チョアヘヨ？

❹ 에리카 : **네, 케이팝을 좋아해요. 유진 씨는 오늘 뭐 해요?**

エリカ：　ネ、　ケイパブル　　チョアヘヨ。　ユジンシヌン　　オヌル　ムォ　ヘヨ？

❺ 유진 : **저는 영화관에 가요.**

ユジン：チョヌン　ヨンファグァネ　カヨ。

※フリガナを付けましたが、赤シートで隠して読んでみたり聞いたりしてみましょう。

※「～에 가요」[～エ　カヨ] は短い文型なのでつなげて発音すると、[～エガヨ] のように濁ります。このように韓国語は、文章のどこを切って発音するかによって濁ったり濁らなかったりします。

本文の語彙や表現

❶ 오늘：今日，뭐：何，해요?：しますか

❷ 케이팝：K-POP，콘서트장：コンサート会場
　 –에 가요：〜に行きます

❸ –을 / 를 좋아해요(?)：〜が好きです(か)

❺ 영화관：映画館

本文の日本語訳

❶ ユジン：エリカさん、今日何しますか。

❷ エリカ：K-POP コンサート会場に行きます。

❸ ユジン：エリカさんは、K-POP が好きですか。

❹ エリカ：はい、K-POP が好きです。
　　　　　ユジンさんは今日何しますか。

❺ ユジン：私は映画館に行きます。

もっと知っておきたい言葉 (1)　名詞　🔊 032

영화 [ヨンフヮ]
映画

텔레비전
[テルレビジョン]
テレビ

신문 [シンムン]
新聞

책 [チェク]
本

커피 [コピ]
コーヒー

주스 [チュス]
ジュース

물 [ムル]
水

우유 [ウユ]
牛乳

밥 [パプ]
ごはん

빵 [パン]
パン

김치 [キムチ]
キムチ

찌개 [チゲ]
チゲ

가다 ［カダ］
行く

오다 ［オダ］
来る

보다 ［ポダ］
見る

만나다 ［マンナダ］
会う

먹다 ［モクタ］
食べる

마시다 ［マシダ］
飲む

읽다 ［イクタ］
読む

듣다 ［トゥッタ］
聞く

사다 ［サダ］
買う

가르치다 ［カルチダ］
教える

배우다 ［ペウダ］
習う

공부하다 ［コンブハダ］
勉強する

아르바이트하다
［アルバイトゥハダ］
バイトする

일하다
［イラダ］
仕事する

운동하다
［ウンドンハダ］
運動する

노래하다
［ノレハダ］
歌う

집 ［チプ］
家

식당 ［シクタン］
食堂

도서관 ［トソグヮン］
図書館

영화관 ［ヨンフヮグヮン］
映画館

편의점 ［ピョニジョム］
コンビニ

노래방 ［ノレバン］
カラオケ

병원 ［ピョンウォン］
病院

커피숍 ［コピショプ］
コーヒーショップ

슈퍼 ［シュポ］
スーパー

은행 ［ウネン］
銀行

서점 ［ソジョム］
書店

공원 ［コンウォン］
公園

学習ポイント⑴ 　–아요 / 어요 / 여요　 ～です、～ます /「해요体」

　「–아요 / 어요 / 여요」は、日常生活において、丁寧に話したい時に文末に付けます。家族や友だちの間などカジュアルな場でよく使われる形（「해요体」）です。叙述形と疑問形が同じ形なので、それぞれの文脈とイントネーションから意味を判断します。付け方は次のとおりです。

動詞や形容詞の語幹の最後の母音	ㅏ, ㅗ	–아요
	ㅏ, ㅗ 以外	–어요
	하	–여요

※語幹は、動詞や形容詞の活用しない部分で、基本形の最後にくる「다」を除いたすべての部分になります。

動詞や形容詞の語幹の最後の母音が 'ㅏ', 'ㅗ'で終わり	パッチム○	살 / 다	살 + 아요	살아요
		놀 / 다	놀 + 아요	놀아요
	語幹の母音 'ㅏ'で終わる場合	가 / 다	가 + 아요 → 가아요	가요
	語幹の母音 'ㅗ'で終わる場合	보 / 다	보 + 아요 → 보아요	봐요
動詞や形容詞の語幹 最後の母音が 'ㅏ', 'ㅗ' 以外の 母音で終わり	パッチム○	먹 / 다	먹 + 어요	먹어요
		읽 / 다	읽 + 어요	읽어요
	語幹が母音 'ㅜ'で終わる場合	배우 / 다	배우 + 어요 → 배우어요	배워요
	語幹が母音 'ㅣ'で終わる場合	마시 / 다	마시 + 어요 → 마시어요	마셔요
語幹が '하'で終わり		공부하 / 다	공부하 + 여요 → 공부하여요	공부해요
不規則		*듣 / 다	듣 + 어요 →듣어요	들어요
		*쓰 / 다	쓰 + 어요 →쓰어요	써요

「*」は不規則用言なので、ここではまずこのまま覚えておきましょう。不規則活用に関しては7課で説明します。

第2課

65

🦉**練習1** 表を完成してみよう。

基本形	意味	−아요 / 어요 / 여요	基本形	意味	−아요 / 어요 / 여요
살다	住む		배우다	習う	
알다	知る		춤추다	踊る	
팔다	売る		마시다	飲む	
앉다	座る		다니다	通う	
놀다	遊ぶ		가르치다	教える	
가다	行く		좋아하다	好きだ	
사다	買う		싫어하다	嫌いだ	
타다	乗る		운동하다	運動する	
자다	寝る		공부하다	勉強する	
만나다	会う		노래하다	歌う	
일어나다	起きる		일하다	仕事する	
오다	来る		아르바이트하다	アルバイトする	
보다	見る		쇼핑하다	ショッピングする	
먹다	食べる		*듣다	聞く	*들어요
입다	着る		*걷다	歩く	*걸어요
만들다	作る		*쓰다	書く	*써요
찍다	撮る		있다	いる・ある	
읽다	読む		없다	いない・ない	

学習ポイント⑵ −을 / 를 　〜を

「−을 / 를」は日本語の「〜を」にあたり、名詞の後ろについて、その名詞が文の目的語であることを表します。名詞がパッチムで終わる場合は「−을」パッチムで終わっていない場合は「−를」をつけます。話すときには、省略する場合も多いです。

	〜を
パッチム（○）	-을
パッチム（×）	-를

第 **2** 課

🦉**練習1** 例のように完成してみよう。

	-을 / 를
例 밥	밥을
例 커피	커피를
❶ 텔레비전	
❷ 주스	
❸ 책	
❹ 우유	

🦉**練習2** 例のように文を書いてみよう。

例 밥 / 먹다　　→　　밥을 먹어요.

❶ 친구 / 만나다　　→ _____.

❷ 빵 / 사다　　→ _____.

❸ 책 / 읽다　　→ _____.

❹ 한국어 / 배우다　　→ _____.

하니 선생님의 한마디　　●ハニ先生の一言●

「만나다」と「좋아하다(싫어하다)」は、日本語では「〜に会う」、「〜が好きだ（嫌いだ）」と表現しますが、韓国語では日本語の助詞と違い「-을 / 를 만나다」、「-을 / 를 좋아하다(싫어하다)」となるので、間違えやすいです。まるごと覚えたほうがいいですよ。

🦉 **練習 3** 韓国語は日本語、日本語は韓国語に訳してみよう。

❶ 영화를 봐요.　　　　　→ _____ .

❷ 케이팝을 좋아해요.　　→ _____ .

❸ 新聞を読みます。　　　→ _____ .

❹ 韓国語を勉強します。　→ _____ .

学習ポイント ⑶　**-에① 가다 / 오다**　～に行く / 来る

「-에①」は、名詞の後に続いて、行為の目的地を表すときに使います。後ろには「가다, 오다」などのように移動を表す動詞がきます。名詞のパッチムの有無に関係なく「-에」を使います。一部、話すときには省略したりもします。

　가 : 어디에 가요?　　　　　　나 : 서점에 가요.

学習ポイント ⑷　**안**　動詞、形容詞　～ない

「안」は動詞、形容詞の前につき否定の意味を表します。なので、「動詞、形容詞 + -아요 / 어요 / 여요」の否定形は、「안　動詞、形容詞 + -아요 / 어요 / 여요」になります。このとき、「공부하다」のように「名詞 + 하다」で終わる動詞の場合は、「안　공부해요」ではなく、「공부(를)　안　해요」のように「名詞(을 / 를) + 안　하다」になります。この場合、目的語であることを表す助詞「-을 / 를」は省略することも可能です。

가다	가요	안 가요
보다	봐요	안 봐요
먹다	먹어요	안 먹어요
읽다	읽어요	안 읽어요
좋아하다	좋아해요	안 좋아해요
*공부하다	공부해요	공부 (를) 안 해요

1 例のように書いて、話してみよう。

例

텔레비전 / 보다

가 : 뭐를 해요?

나 : 텔레비전을 봐요.

第 **2** 課

(1)

책 / 읽다

가 : 뭐를 해요?

나 : _____ .

(2)

물 / 마시다

가 : 뭐를 해요?

나 : _____ .

(3)

친구 / 만나다

가 : 뭐 해요?

나 : _____ .

(4)

아르바이트 / 하다

가 : _____ ?

나 : _____ .

2 例のように書いて、話してみよう。

例

학교 / 가다

가 : 어디에 가요?

나 : <u>학교에 가요.</u>

(1)

노래방 / 가다

가 : 어디에 가요?

나 : _____ .

(2)

커피숍 / 가다

가 : 어디에 가요?

나 : _____ .

(3)

디즈니랜드 / 가다

가 : 어디에 _____ ?

나 : _____ .

(4)

편의점 / 가다

가 : _____ ?

나 : _____ .

(5)

공원 / 가다

가 : _____ ?

나 : _____ .

3 例のように書いて、話してみよう。

例

가 : 마이클 씨는 <u>책을 읽어요</u>? (책 / 읽다)
나 : 아니요, 책을 안 읽어요.
　　　<u>운동해요</u>　　　　　　　.

(1)

가 : 레오 씨는 _____? (커피 / 마시다)
나 : 아니요. _____.
　　　_____.

(2)

가 : 유진 씨는 _____? (노래 / 듣다)
나 : _____.
　　　_____.

(3)

가 : 에리카 씨는 _____? (한국어 / 가르치다)
나 : _____.
　　　_____.

(4)

가 : 웨이 씨는 _____? (친구 / 만나다)
나 : _____.
　　　_____.

(5)
가 : 제니 씨는 _____? (영화 / 보다)
나 : _____.
　　　_____.

第 **2** 課

対話を聞いて正しければ○を、間違っていれば×を付けてみよう。

🔊 035

(1)

(2)

(3)

(_____)　　(_____)　　(_____)

 하니 선생님의 발음 클리닉　　　　　　　　◆ ハニ先生の発音クリニック ◆

🦋 **발음 (発音) ―― 連音化②**

'ㄶ', 'ㅀ' 以外の二重パッチム＋母音（で始まる助詞や語尾、接尾語）

　→後ろのパッチムが「ㅇ」のところに移される。

- 앉 + 아요 → [안자요 アンジャヨ]
- 읽 + 어요 → [일거요 イルゴヨ]
- 없 + 어요 → [업서요 → 업써요 オプソヨ]

　　　　　　　　※この過程の発音の変化に関しては4課の「ハニ先生の発音クリニック」を参考に

🦋 **발음 (発音) ―― 'ㅎ' の発音①**

パッチム 'ㅎ', 'ㄶ', 'ㅀ' ＋ 母音（で始まる語尾や接尾語）

　→パッチム 'ㅎ' は、発音されない。

- 좋아해요 [조아해요 チョアヘヨ]　　・싫어해요 [실어해요 → 시러해요 シロヘヨ]

表の質問に〇か×をつけよう。⑹、⑺は質問も作ってみよう。そして、例のようにクラスメートに聞いて、表を完成してみよう。

	例 에리카	나	친구
⑴ 아르바이트를 해요?	〇		
⑵ 한국어를 배워요?	〇		
⑶ 케이팝을 좋아해요?	〇		
⑷ 책을 읽어요?	×		
⑸ *일기를 써요?	〇		
⑹			
⑺			

* 일기 ［イルギ］ 日記

> 例 가 : 에리카 씨, 아르바이트를 해요?　　나 : 네, 아르바이트를 해요.
>
> 　 가 : 에리카 씨, 책을 읽어요?　　　　나 : 아니요, 책을 안 읽어요.

선생님!
「뭐를 해요?」は、「뭘 해요?」でも大丈夫ですか。

하니 선생님의 한마디　　(ハ二先生の一言)

大丈夫です。日本語の助詞「－を」と韓国語の助詞「－을／를」は話すとき、省略される場合が多いですね。「뭘 해요?」は、本来「무엇을 해요?」から「무엇」が話し言葉の「뭐」になり、それに助詞「－를」をつけると「뭐를」になります。そして、それをもっと縮約すると「뭘」になるのです。ネイティブと話すときにはそのように言ってみましょう。

어디에 있어요?

どこにありますか。

🔊 036

スキル　人や物の位置を尋ねて答えることができる。

学習ポイント　-이 / 가　　-에 있다 / 없다

❶ 레오 : **제니 씨, 한국어 교과서가 있어요?**

　　レオ：　チェニッシ、　ハングゴ　キョグヮソガ　イッソヨ？

❷ 제니 : **네, 있어요.**

　　チェニ：ネ、イッソヨ。

❸ 레오 : **어디에 있어요?**

　　レオ：　オディエ　イッソヨ？

❹ 제니 : **사물함 안에 있어요.**

　　チェニ：サムラマネ　　　　イッソヨ。

❺ 레오 : **사물함은 교실에 있어요?**

　　レオ：　サムラムン　　キョシレ　イッソヨ？

❻ 제니 : **네, 교실 뒤에 있어요.**

　　チェニ：ネ、　キョシル トゥイエ イッソヨ。

※フリガナを付けましたが、赤シートで隠して読んでみたり聞いたりしてみましょう。

❶ 한국어：韓国語，교과서：教科書

　있어요(?)：あります(か)

❸ 어디：どこ，어디에：どこに

❹ 사물함：ロッカー，안：中

❺ 교실：教室

❻ 뒤：後ろ

本文の日本語訳

❶ レオ：　チェニさん、韓国語の教科書がありますか。

❷ チェニ：はい、あります。

❸ レオ：　どこにありますか。

❹ チェニ：ロッカーの中にあります。

❺ レオ：　ロッカーは教室にありますか。

❻ チェニ：はい、教室の後ろにあります。

もっと知っておきたい言葉 (1)　교실　물건（教室のもの） ◀)) 037

第 **3** 課

칠판 ［チルパン］
黒板

책 ［チェク］
本

책상 ［チェクサン］
机

책장 ［チェクチャン］
本棚

의자 ［ウィジャ］
椅子

가방 ［カバン］
カバン

노트 ［ノトゥ］
ノート

교과서 ［キョグヮソ］
教科書

볼펜 ［ボルペン］
ボールペン

연필 ［ヨンピル］
鉛筆

지우개 ［チウゲ］
消しゴム

시계 ［シゲ］
時計

휴대폰 ［ヒュデポン］
핸드폰 ［ヘンドゥポン］
携帯電話

쓰레기통 ［スレギトン］
ゴミ箱

컴퓨터 ［コンピュト］
コンピューター

사물함 ［サムラム］
ロッカー

위치 （位置） 🔊038

위 [ウィ] 上　　　아래 / 밑 [アレ／ミッ] 下　　　오른쪽 [オルンチョク] 右

왼쪽 [ウェンチョク] 左　　　앞 [アプ] 前　　　뒤 [トゥィ] 後ろ

안 [アン] 中　　　밖 [パク] 外　　　옆 [ヨプ] そば・横

学習ポイント⑴ **-이 / 가 있다・없다** 〜がある（いる）・ない（いない）

1-1 **-이 / 가** 〜が

　「-이 / 가」は、名詞の後につけて文の主語であることを表します。名詞の最後の音節にパッチムがあれば「-이」、なければ「-가」を使います。話すときにはよく省略します。「저」,「나」「누구」につけるとそれぞれ「저가」,「나가」,「누구가」ではなく「제가」,「내가」,「누가」になるので注意しましょう。

	〜が
パッチム （○）	-이
パッチム （×）	-가

가 : 책상이 있어요?　　　나 : 네, 책상이 있어요.
가 : 교과서가 있어요?　　　나 : 아니요, 교과서가 없어요.

練習1 例のように完成してみよう。

	-이 / 가
例 책상	책상이
例 의자	의자가
❶ 가방	
❷ 컴퓨터	
❸ 책	
❹ 교과서	

하니 선생님의 한마디

◀ 八二先生の一言 ▶

韓国語の助詞「-이 / 가」は、基本的に日本語の助詞「〜が」にあたりますが、日本語に翻訳するとき「〜は」と訳した方が自然な場合もあります。特に「이름이 뭐예요?」などのように疑問詞と一緒に使う場合がそうです。

1-2 **있다 · 없다** ある(いる)・ない(いない)

「있어요」は日本語の「あります・います」、「없어요」は「ありません・いません」にあたり、日本語とは違って、韓国語の「있어요」、「없어요」は人や物の使い分けをしません。疑問文の場合には最後に「？」を付け、イントネーションを上げます。

가 : 책이 있어요?　　　　나 : 네, 책이 있어요.

가 : 레오 씨가 있어요?　　나 : 아니요, 레오 씨가 없어요.

学習ポイント② **-에② 있다 / 없다** 〜にある(いる) / ない(いない)

「-에②」は日本語の「〜に」にあたり、場所や位置を表す名詞の後につけて人や物の位置を表します。「-에 있다」は名詞が存在するのを意味し、「-에 없다」は名詞が存在しないことを意味します。

가 : 에리카 씨가 교실에 있어요?　　나 : 네, 교실에 있어요.

가 : 컴퓨터가 어디에 있어요?　　　나 : 책상 위에 있어요.

1 教室の絵を見て例のように書いて話してみよう。(3)、(4)は自由に作ってみましょう。

例

가 : 교실에 의자가 있어요?

나 : 네, 의자가 있어요.

(1) 가 : 교실에 책상이 있어요?

나 : 네, _____ .

(2) 가 : 교실에 학생이 있어요?

나 : 아니요, _____ .

(3) 가 : 교실에 _____ ?

나 : _____ .

(4) 가 : _____ ?

나 : _____ .

2 絵を参考にして例のように書いて話してみよう。

가 : 티란 씨가 어디에 있어요?

나 : <u>티란 씨는 병원에 있어요.</u>

(1)
가 : 레오 씨가 어디에 있어요?

나 : 레오 씨는 _____ .

(2)
가 : 유진 씨가 어디에 있어요?

나 : 유진 씨는 _____ .

(3)
가 : 에리카 씨가 어디에 있어요?

나 : 에리카 씨는 _____ .

(4)
가 : 웨이 씨가 어디에 있어요?

나 : 웨이 씨는 _____ .

(5)
가 : 선생님이 _____ ?

나 : _____ .

3 教室の絵を見て、教室の様子を例のように書いて話してみよう。

例 가 : 세야 씨가 어디에 있어요?

나 : 세야 씨는 레이나 씨 왼쪽에 있어요.

(1) 가 : 나나 씨가 어디에 있어요?

나 : 나나 씨는 아쓰야 씨 _____ .

(2) 가 : 아키 씨가 어디에 있어요?

나 : 아키 씨는 리나 씨 _____ .

(3) 가 : 미키 씨가 어디에 있어요?

나 : 미키 씨는 리나 씨 _____ .

(4) 가 : 선생님이 어디에 있어요?

나 : 선생님은 교실 _____ .

(5) 가 : 책이 어디에 있어요?

나 : 책은 _____ .

(6) 가 : 사물함이 어디에 있어요?

나 : _____ .

できる！ 들어 봐요!　　　　　　　　　　　●聞いてみよう！

二人の会話を聞いて次の質問に番号で答えてみよう。　　🔊039

* 사거리［サゴリ］十字路

(1) 은행이 어디에 있어요?　　→ _____ .

(2) 슈퍼가 어디에 있어요?　　→ _____ .

(3) 커피숍이 어디에 있어요?　→ _____ .

(4) 서점이 어디에 있어요?　　→ _____ .

できる！ 읽고 써 봐요!　　　　　　　　　　　●読んで書いてみよう！

ユナの部屋を見て物がどこに位置しているのか例のように書いてみよう。

> 例 침대는 책상 왼쪽에 있어요.

(1) *나무는 *창문 _____ .

(2) 쓰레기통은 *침대 _____ .

(3) 책상은 책장 _____ .

(4) 컴퓨터는 _____ .

(5) 책은 _____ .

(6) 휴대폰은 _____ .

* 나무［ナム］木, 침대［チムデ］ベッド, 창문［チャンムン］窓

81

皆さんの部屋には何がどこにありますか。自分の部屋の絵を描いて、「가」の空欄を完成し、その後、例のようにクラスメートに聞いて「나」を完成してみよう。⑹からは自由に書いてみよう。

	가(나)	나(친구)
	○× / 위치(位置)	○× / 위치(位置)
例 책상		○ / 책장 옆
⑴ 의자		
⑵ 책장		
⑶ 침대		
⑷ 창문		
⑸ 컴퓨터		
⑹		
⑺		
⑻		

例 가 : _____ 씨, 방에 **책상**이 있어요?

나 : 네, **책상**이 있어요.

가 : 어디에 있어요?

나 : **책장** 옆에 있어요.

 하니 선생님의 발음 클리닉　　●ハニ先生の発音クリニック●

🦋 **발음(発音)** ── '의'の発音

① 母音 '의' は、[ɰi ウィ] で発音する。
   ・의자 [의자 ウィジャ] 椅子　　・의사 [의사 ウィサ] 医者

② 初声が子音で始まる音節の '의' は必ず [i] で発音する。
   ・희망 [히망 ヒマン] 希望　　・무늬 [무니 ムニ] 模様

③ 単語の初音節以外の '의' と助詞 '의' は [ɰi ウィ] のほかにそれぞれ [i] と [e] で発音することも可能
   ・주의 [주의 / 주이 チュウイ / チュイ] 注意
   ・우리의 [우리의 / 우리에 ウリウイ / ウリエ] 我らの

알쏭달쏭 퀴즈（アルソンダルソン　クイズ）　　※答えは 149 ページ

Q1. 韓国では 12 月〜2 月には最低気温がマイナス 10 度以下になることもあります。韓国人は、こうした冬の厳しい寒さを乗り越えるため、独特の建築構造を発展させてきました。それが韓国ならではの床暖房です。その名前は何でしょうか。
　① 온달 [オンダル]　　② 온돌 [オンドル]
　③ 엔돌 [エンドル]　　④ 엔젤 [エンゼル]

수능이 언제예요?

スヌンはいつですか。

> スキル　漢字語数詞を覚えて、電話番号や日にちなどを伝え合うことができる。

> 学習ポイント　**몇　 -에**（時間）

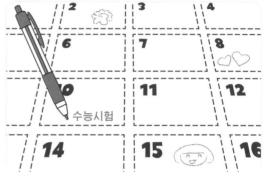

① 레오 : **유나 씨는 몇 학년이에요?**

　　　レオ：　ユナッシヌン　　ミョタンニョニエヨ？

② 유나 : **고등학교 3학년이에요. 레오 씨는 몇 학년이에요?**

　　　ユナ：　コドゥンハッキョ　サマンニョニエヨ。レオッシヌン　　ミョタンニョニエヨ？

③ 레오 : **저는 고등학교 2학년이에요. 유나 씨는 수능시험을 봐요?**

　　　レオ：　チョヌン　コドゥンハッキョ　イハンニョニエヨ。ユナッシヌン　スヌンシホムル　プヮヨ？

④ 유나 : **네, 11월에 수능시험을 봐요. 일본에는 수능시험이 있어요?**

　　　ユナ：　ネ、シビルォレ　スヌンシホムル　　プヮヨ。イルボネヌン　スヌンシホミ　　　イッソヨ？

⑤ 레오 : **일본에는 센터시험이 있어요.**

　　　レオ：　イルボネヌン　セントシホミ　　　イッソヨ。

⑥ 유나 : **아, 그래요? 센터시험은 언제예요?**

　　　ユナ：　ア、　クレヨ？　　セントシホムン　　オンジェイェヨ？

⑦ 레오 : **센터시험은 1월이에요.**

　　　レオ：　セントシホムン　イルォリエヨ。

　　　※フリガナを付けましたが、赤シートで隠して読んでみたり聞いたりしてみましょう。

本文の語彙や表現

❶ 몇 학년：何年生（何学年）

❸ 수능시험：「대학수학능력시험（大学修学能力試験）」を縮約したことば

　시험을 보다：試験を受ける

❹ 11월：11月

❺ 센터시험：センター試験

❻ 그래요?：そうですか，언제：いつ

❼ 1월：一月

本文の日本語訳

❶ レオ：ユナさんは、何年生ですか。

❷ ユナ：高校3年生です。レオさんは何年生ですか。

❸ レオ：私は高校2年生です。 ユナさんは、スヌン試験を受けますか。

❹ ユナ：はい、11月にスヌン試験を受けます。日本にはスヌン試験がありますか。

❺ レオ：日本にはセンター試験があります。

❻ ユナ：あ、そうですか。
　　　　センター試験はいつですか。

❼ レオ：センター試験は1月です。

もっと知っておきたい言葉 (1)　漢字語数詞　🔊041

공(0) [コン]	일(1) [イル]	이(2) [イ]	삼(3) [サム]	사(4) [サ]	오(5) [オ]
	육(6) [ユク]	칠(7) [チル]	팔(8) [パル]	구(9) [ク]	십(10) [シプ]

もっと知っておきたい言葉 (2)　월 & 일 (月 & 日)　🔊042

1月	2月	3月	4月	5月	6月
일월 [イルォル]	이월 [イウォル]	삼월 [サムォル]	사월 [サウォル]	오월 [オウォル]	*유월 [ユウォル]
7月	8月	9月	10月	11月	12月
칠월 [チルォル]	팔월 [パルォル]	구월 [クウォル]	*시월 [シウォル]	십일월 [シビルォル]	십이월 [シビウォル]

※ 6月と10月は、漢字語数詞からパッチムがなくなる形に変化します。

1日	2日	3日	4日	5日	6日
일일 [イリル]	이일 [イイル]	삼일 [サミル]	사일 [サイル]	오일 [オイル]	육일 [ユギル]

※ 「일 월、이 월…」、「일 일、이 일…」のように分かち書きしても大丈夫です。

もっと知っておきたい言葉 (3)　요일 & 주 (曜日 & 週)　🔊043

일요일 日曜日 [イリョイル]	월요일 月曜日 [ウォリョイル]	화요일 火曜日 [フヮヨイル]	수요일 水曜日 [スヨイル]	목요일 木曜日 [モギョイル]	금요일 金曜日 [クミョイル]	토요일 土曜日 [トヨイル]
어제 昨日 [オジェ]	오늘 今日 [オヌル]	내일 明日 [ネイル]	주말 週末 [チュマル]	지난주 先週 [チナンジュ]	이번 주 今週 [イボンチュ]	다음 주 来週 [タウムチュ]

※ 「지난주、이번 주、다음 주」の分かち書きに注意！

　主に疑問文で「몇」の後ろにつく言葉と関連する数を尋ねるとき、用いられます。「몇 월 며칠（何月何日）［ミョドゥオル　ミョチル］」は日付を尋ねるときに使う表現で、月を尋ねるときは「몇 월（何月）」、日にちを尋ねるときは「며칠（何日）」、また、学年やクラスを尋ねるときは、「몇 학년（何年生）［ミョタンニョン］」、「몇 반（何組）［ミョッパン］」と言い、番号を尋ねるときは、「몇 번（何番）［ミョッポン］」と言います。この場合の返事は、漢字語数詞を使い言います。また、電話番号の「-」をハングルで表記するときは助詞「의」で表記し、［의］か［에］で発音します。

가 : **몇** 학년이에요?　　　　　　나 : 3학년이에요.

가 : 전화번호가 **몇** 번이에요?　　나 : 080-1004-8282 예요.

🦉**練習❶** ▨の言葉から選んで完成してみよう。

> 몇 월 / 며칠 / 몇 번 / 몇 학년 / 몇 반

❶

가 : 전화번호가 ＿＿＿＿＿＿＿＿＿＿ 이에요?

나 : 03-1234-5678 이에요.

❷

가 : ＿＿＿＿＿＿＿＿＿＿ 이에요?

나 : 5월이에요.

❸

가 : ＿＿＿＿＿＿＿＿＿＿ 이에요?

나 : 고등학교 3학년이에요.

❹

가 : ＿＿＿＿＿＿＿＿＿＿ 이에요?

나 : 31일이에요.

❺

가 : ＿＿＿＿＿＿＿＿＿＿ 이에요?

나 : 6반이에요.

하니 선생님의 한마디

日にちを尋ねるとき「몇 일」とはならないので、注意してください。「며칠」と「몇 일」は発音は同じですが、書くときも「며칠」と書かなければならないです。そして、「몇 월」の発音は、[며 뒬 ミョドゥォル] になります。日付は、標記と発音がかなり異なるので、繰り返して発音の練習をしてください。もう一つ言うと、日付を尋ねるとき、「몇 월 며칠이에요?」も使いますが、普段簡単に「며칠이에요? ミョチリエヨ」が多く使われています。

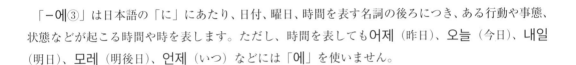

学習ポイント⑵　**-에③**　～に

「-에③」は日本語の「に」にあたり、日付、曜日、時間を表す名詞の後ろにつき、ある行動や事態、状態などが起こる時間や時を表します。ただし、時間を表しても어제（昨日）、오늘（今日）、내일（明日）、모레（明後日）、언제（いつ）などには「에」を使いません。

수요일에 한국어를 공부해요.　　주말에 파티를 해요.

가 : 언제× 가요?　　　　　　　나 : 내일× 가요.

🦉練習1　例のように書いてみよう。

例 토요일 / 친구 / 만나다　→　토요일에 친구를 만나요.

❶ 3월 21일 / *졸업하다　　　→ _____ .

❷ 11월 / 시험 / 보다　　　　→ _____ .

❸ 7월 / *방학하다　　　　　　→ _____ .

❹ 주말 / 영화 / 보다　　　　　→ _____ .

❺ 일요일 / 아르바이트하다　→ _____ .

*졸업하다 [チョロパダ] 卒業する　　방학하다 [パンハカダ] 学期が終わって休みに入る

1 例のように書いて、話してみよう。

例

080-4239-6875

가 : 전화번호가 몇 번이에요?

나 : <u>공팔공－사이삼구－육팔칠오예요.</u>

(1)

02-4287-9563

가 : 전화번호가 몇 번이에요?

나 : ....

(2)

010-6804-3795

가 : .... ?

나 : ....

(3)

고등학교 1학년

가 : 몇 학년이에요?

나 : ....

(4)

대학교 4학년

가 : .... ?

나 : ....

(5)

9번

가 : 몇 번 버스예요?

나 : ....

2 例のように書いて、話してみよう。

例 오늘

가 : 오늘이 몇 월 며칠이에요?
나 : 구월 이십일이에요.

(1) 어버이날 両親の日

가 : 어버이날이 몇 월 며칠이에요?
나 : _____ .

(2) 방학식 終業式

가 : 방학식이 몇 월 며칠이에요?
나 : _____ .

(3) 생일 誕生日

가 : 생일이 몇 월 며칠이에요?
나 : _____ .

(4) 어제

가 : 어제가 _____ ?
나 : _____ .

(5) 시험 試験

가 : _____ ?
나 : _____ .

③ 例のように書いて、話してみよう。

例

11월 15일

시험 / 보다

가 : 언제 시험을 봐요?

나 : 십일월 십오일에 시험을 봐요.

---

(1)

12월 20일

친구 / 만나다

가 : 언제 _____?

나 : _____.

(2)

내일

방학하다

가 : 언제 _____?

나 : _____.

(3)

토

아르바이트하다

가 : 언제 _____?

나 : _____.

(4)

오늘

한국어 수업 / 있다

가 : 언제 _____?

나 : _____.

(5)

3월 21일

졸업하다

가 : 언제 _____?

나 : _____.

できる！ 들어 봐요! ●聞いてみよう！

1 よく聞いて日にちを書いてみよう。　🔊044

(1) _____ 월 _____ 일　　(2) _____ 월 _____ 일

(3) _____ 월 _____ 일　　(4) _____ 월 _____ 일

2 聞いて内容に合うように線を引いてみよう。　🔊045

(1) ．　　　　　　　　　　．　일

(2) ．　　　　　　　　　　．　수

(3) ．　　　　　　　　　　．　금

できる！ 읽고 써 봐요! ●読んで書いてみよう！

二人のショートメッセージを読んで質問に答えてみよう。

에리카 씨,
저 스잔나예요. 한국어 시험이
내일이에요?

스잔나 씨,
안녕하세요? 한국어 시험은
내일이 아니에요. 다음 주
7일 수요일이에요.

네, 고마워요.

(1) 에리카 씨는 한국어 시험 *날짜를 알아요?

_____ .

(2) 한국어 시험은 내일이에요?

_____ .

(3) 한국어 시험은 언제예요?

_____ .

*날짜 ［ナルチャ］ 日付

表に自分の今週一週間のスケジュールを書いて例のようにクラスメートと話してみよう。

	일요일	월요일	화요일	수요일	목요일	금요일	토요일
유나			시험을 보다		졸업하다		아르바이트하다
제니	친구를 만나다			한국어를 공부하다		쇼핑을 하다	
나							

例

유나 : 제니 씨, 일요일에 뭐 해요?

제니 : 저는 일요일에 친구를 만나요.

もっとできる! 🔭 **말해 봐요!**　　　　　　　　　　　　　　　　　★話してみよう!

表の質問に自分のことを書いて、クラスメートにも聞いてみよう。

	나	친구①	친구②
1. 생일이 몇 월 며칠이에요?			
2. 전화번호가 몇 번이에요?			
3. 언제 한국어를 공부해요?			
4. 주말에 뭐 해요?			

하니 선생님의 발음 클리닉　　　**ハニ先生の発音クリニック**

🦋 발음（発音）── 濃音化

パッチムの音 ［ㄱ, ㄷ, ㅂ］ ＋ 'ㄱ, ㄷ, ㅂ, ㅅ, ㅈ' → ［ㄲ, ㄸ, ㅃ, ㅆ, ㅉ］

- 학교 ［학�꾜 ハッキョ］学校
- 옆집 ［엽집 → 엽찝 ヨプチプ］隣の家
- 없어요 ［업서요 → 업써요 オプソヨ］ありません，いません
- 몇 반 ［멷반 → 멷빤 ミョッパン］何組
- 몇 시 ［멷시 → 멷씨 ミョッシ］何時　　・몇 분 ［멷분 → 멷뿐 ミョップン］何分

🦋 발음（発音）── 'ㅎ' の発音②

パッチムの音 ［ㄱ, ㄷ, ㅂ, ㅈ］ ＋ 'ㅎ' → ［ㅋ, ㅌ, ㅍ, ㅊ］

パッチム 'ㅎ', 'ㄶ', 'ㅀ' ＋ 'ㄱ, ㄷ, ㅈ' → ［ㅋ, ㅌ, ㅊ］

- 입학하다 ［이파카다 イパカダ］入学する　　・졸업하다 ［조러파다 チョロパダ］卒業する
- 깨끗하다 ［깨끋하다 → 깨끄타다 ケクタダ］きれいだ
- 몇 학년 ［멷학년 → 며탕년 ミョタンニョン］何年生
- 좋다 ［조타 チョタ］良い　　・많다 ［만타 マンタ］多い

第 **4** 課

알쏭달쏭 퀴즈（アルソンダルソン クイズ）　　　※答えは 149 ページ

Q2. 韓国では日本以上に教育に力を入れていて、受験戦争が激しいとも言われています。韓国の受験の時の様子が日本のメディアに報道されたことを見たこともあるでしょう。韓国で受験生を応援するために受験生に送るものの中で最も定番のものは何でしょうか。

① 高麗人参　　② トンカツ　　③ 大福餅　　④ ビタミン剤

93

第 5 課 동아리는 몇 시부터예요?

サークルは何時からですか。

🔊046

① 레오 : **제니 씨, 오늘 동아리 있어요?**

　　　レオ :　チェニッシ、　オヌル　トンアリ　イッソヨ？

② 제니 : **아니요. 오늘은 없어요.**

　　　チェニ :　アニヨ。　　オヌルン　オプソヨ。

③ 레오 : **아, 그래요? 내일은 있어요?**

　　　レオ :　ア、クレヨ？　　ネイルン　イッソヨ？

④ 제니 : **네, 내일은 있어요.**

　　　チェニ :　ネ、　ネイルン　イッソヨ。

⑤ 레오 : **몇 시부터 몇 시까지예요?**

　　　レオ :　ミョッシブト　　ミョッシカジイェヨ？

⑥ 제니 : **오전 10시부터 오후 2시까지예요.**

　　　チェニ :　オジョン　ヨルシブト　オフ　トゥシカジイェヨ。

⑦ 레오 : **네, 고마워요.**

　　　レオ :　ネ、コマウォヨ

※フリガナを付けましたが、赤シートで隠して読んでみたり聞いたりしてみましょう。

本文の語彙や表現

① 오늘：今日，동아리：サークル

③ 내일：明日

⑤ 몇 시：何時，-부터：～から，-까지：～まで

⑥ 오전：午前，10시：10時

　오후：午後，2시：2時

⑦ 고마워요：ありがとうございます

本文の日本語訳

① レオ：　チェニさん、今日サークルありますか。

② チェニ：いいえ、今日はありません。

③ レオ：　あ、そうですか。明日はありますか。

④ チェニ：はい、明日はあります。

⑤ レオ：　何時から何時までですか。

⑥ チェニ：午前10時から午後2時までです。

⑦ レオ：　はい、ありがとうございます。

もっと知っておきたい言葉 (1)　動詞②　🔊 047

자다
[チャダ]
寝る

일어나다
[イロナダ]
起きる

샤워하다
[シャウォハダ]
シャワーを浴びる

세수하다
[セスハダ]
顔を洗う

목욕하다
[モギョカダ]
お風呂に入る

쓰다
[スダ]
書く

쉬다
[スィダ]
休む

청소하다
[チョンソハダ]
掃除する

요리하다
[ヨリハダ]
料理する

게임하다
[ケイマダ]
ゲームする

산책하다
[サンチェカダ]
散歩する

동아리 활동하다
[トンアリ　ファルトンハダ]
部活動する

第5課

하나 (1) [ハナ]	둘 (2) [トゥル]	셋 (3) [セッ]	넷 (4) [ネッ]	다섯 (5) [タソッ]
여섯 (6) [ヨソッ]	일곱 (7) [イルゴプ]	여덟 (8) [ヨドル]	아홉 (9) [アホプ]	열 (10) [ヨル]

한 시　두 시　세 시　네 시　다섯 시　여섯 시

일곱 시　여덟 시　아홉 시　열 시　열한 시　열두 시

※固有語数詞は、その後ろに '개 (個)、명 (名)、장 (枚)、마리 (匹)、잔 (杯)、권 (冊)、살 (歳)' など単位を表す名詞がつくと 1 から 4 (하나, 둘, 셋, 넷) はそれぞれ '한, 두, 세, 네' に形が変わります。

※「한시、두시、세시…」のように分かち書きしなくても大丈夫です。

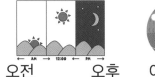

오전 [オジョン]　오후 [オフ]

아침 [アチム] 朝

점심·낮 [チョムシム·ナッ] 昼

저녁 [チョニョク] 夕方

밤 [パム] 夜

※ '아침, 점심, 저녁' は、時間だけではなく、食事を意味する場合もあります。

5	10	15	20	25	30
오 분	십 분	십오 분	이십 분	이십오 분	삼십 분
35	40	45	50	55	60
삼십오 분	사십 분	사십오 분	오십 분	오십오 분	육십 분

※「오분、십분、십오분…」のように分かち書きしなくても大丈夫です。

学習ポイント⑴　몇 시　何時

「몇 시」は時間を尋ねるときに使う表現です。答えるときは「시（時）」は固有語数詞を、「분（分）」は漢字語数詞を用いて答えます。「30분」の場合は、「반（半）」とも言います。

가 : 지금 몇 시예요?　　나 : 세 시예요.

가 : 지금 몇 시예요?　　나 : 한 시 반이에요.

🦉練習❶ 例のように時刻を書いてみよう。

例　한 시예요.

❶

❷

❸

❹

❺

❻ 現在の時刻

学習ポイント⑵　−부터 −까지　〜から 〜まで

「−부터 −까지」は、日本語の「〜から〜まで」に当たり、あることや動作が起こる時間の範囲を表します。すなわち、「時間＋부터　時間＋까지」となります。

가 : 한국어 수업은 몇 시부터 몇 시까지예요?

나 : 한국어 수업은 9시부터 10시 반까지예요.

　　월요일부터 금요일까지 수업이 있어요.

1 例のように書いて話してみよう。

例

　　p.m.

가 : 실례지만, 지금 몇 시예요?

나 : <u>오후 네 시 십 분이에요.</u>

가 : <u>고마워요.</u>

(1)

　　p.m.

가 : 실례지만, 지금 몇 시예요?

나 : _____ .

가 : _____ .

(2)

　　p.m.

가 : 실례지만, _____ ?

나 : _____ .

가 : _____ .

(3)

　　a.m.

가 : _____ ?

나 : _____ .

가 : _____ ?

(4)

　　a.m.

가 : _____ ?

나 : _____ .

가 : _____ ?

(5)

　　p.m.

가 : _____ ?

나 : _____ .

가 : _____ .

2 例のように書いて話してみよう。

例

한국어

a.m.10:40
~ 11:30

가 : 한국어 수업은 몇 시부터 몇 시까지예요?

나 : <u>한국어 수업은 오전 10시40분부터</u>

<u>11 시 반까지예요</u>

---

(1)

p.m.12:00
~ 1:00

가 : 점심 시간은 몇 시부터 몇 시까지예요?

나 : 점심 시간은 _____ .

---

(2)

BANK

a.m.9:00
~ p.m.3:00

가 : 은행은 _____ ?

나 : 은행은 _____ .

---

(3)

a.m.9:30
~ p.m.6:00

가 : 병원은 _____ ?

나 : _____

---

(4)

CINEMA TICKET

p.m.2:45
~ 5:15

가 : _____ ?

나 : _____ .

3 例のように書いて話してみよう。

a.m. 06:00
~ 06:30
오전 6시부터 6시 반까지 운동을 해요.

(1)
p.m. 10:00 ~ 12:00
_____ .

(2)
p.m. 8:00 ~ 9:45
_____ .

(3)
a.m. 7:00 ~ 7:30
_____ .

(4)
p.m. 3:00 ~ 4:00
_____ .

(5)
p.m. 2:00 ~ 5:00
_____ .

(6)
p.m.11:00 ~ a.m.6:00
_____ .

聞いて時間を書いてみよう。 🔊 051

(1) _____ 시 _____ 분

(2) _____ 시 _____ 분부터
_____ 시 _____ 분까지

(3) _____ 시 _____ 분부터
_____ 시 _____ 분까지

(4) _____ 시 _____ 분

次の文章を読んで質問に答えてみよう。

> 저는 월요일부터 금요일까지 오전 6시 30분에 일어나요. *그리고 7시에 아침을 먹어요. 8시까지 학교에 가요. 8시 50분부터 오후 3시 40분까지 수업이 있어요. 수요일은 10시 50분부터 11시 40분까지 한국어를 공부해요. 점심 시간은 12시 40분부터 1시 30분까지예요. 오후 4시부터 6시까지 동아리 활동을 해요. 토요일은 오전 11시부터 오후 3시까지 아르바이트를 해요. 일요일은 오전 9시까지 자요.
>
> * 그리고 そして

(1) 월요일부터 금요일까지 몇 시에 일어나요?

_____.

(2) 한국어 수업은 언제예요?

_____.

(3) 토요일에 뭐를 해요?

_____.

(4) 일요일은 몇 시에 일어나요?

_____.

第 **5** 課

できる! **쓰고 말해 봐요!** ●書いて話してみよう!

下の計画表に　の中の語彙を活用し、一日のスケジュールを立てて、例のように韓国語で表現してみよう。

*잠	*기상	세수	운동	공부	수업	동아리 활동	아르바이트
*독서	텔레비전	음악	*학원	아침	점심	저녁	목욕

*잠［チャム］眠り、睡眠　*기상［キサン］起床　*독서［トクソ］読書　*학원［ハグォン］塾

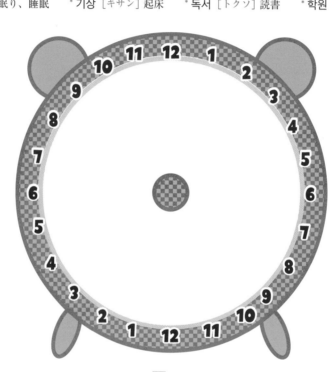

例 ① 저는 오전 여섯 시에 일어나요,.

② 저는 오후 열두 시부터 한 시까지 점심을 먹어요.

(1) _____ .

(2) _____ .

(3) _____ .

(4) _____ .

(5) _____ .

(6) _____ .

表の質問に自分のことを書いて、クラスメートにも聞いてみよう。

	나	친구①	친구②
⑴ 몇 시에 일어나요?			
⑵ 몇 시에 학교에 가요?			
⑶ 몇 시에 아침을 먹어요?			
⑷ 몇 시에 집에 가요?			
⑸ 오늘 오후에 뭐 해요?			
⑹ 몇 시부터 몇 시까지 자요?			
⑺ 이번 주 토요일에 뭐 해요?			

第 **5** 課

 하니 선생님의 발음 클리닉　　　●八二先生の発音クリニック●

❀ **발음**（発音）── ‘ㄶ’, ‘ㅀ’ 以外の二重パッチムの発音

前の子音が発音される場合			後ろの子音が発音される場合		
表記	発音	例	表記	発音	例
ㄳ	ㄱ	넋 [넉 ノク]	ㄺ	ㄱ	읽다 [익따 ィクタ] 読む
ㄵ	ㄴ	앉다 [안따 アンタ] 座る	ㄻ	ㅁ	삶 [삼 サム]
ㄼ	ㄹ	여덟 [여덜 ヨドル] 八	ㄿ	ㅍ [ㅂ]	읊다 [읍따 ゥプタ]
ㄽ	ㄹ	외곬 [외골 ウェゴル]			
ㄾ	ㄹ	핥다 [할따 ハルタ]			
ㅄ	ㅂ	없다 [업따 オプタ] いない・ない			

※詳しいことは 47 ページを参考にしてください。そして、意味が書いてある単語は初級でよく使うものです。

第6課

아메리카노 두 잔 주세요.

アメリカーノ2杯ください。

🔊 052

スキル ▶ 適切な単位名詞と格式的な表現を使い、注文したり、買い物したりできる。

学習ポイント ▶ -ㅂ니다 / 습니다   -ㅂ니까 / 습니까?   -하고   -주세요

❶ 점원 : 어서 오세요. 뭘 드릴까요?

店員：　オソ　オセヨ。　　　ムォルドゥリルカヨ？

❷ 유키 : 토마토주스 있어요?

ユキ：　トマトジュス　　　イッソヨ？

❸ 점원 : 죄송합니다. 토마토주스는 없습니다.

店員：チュエソンハムニダ。トマトジュスヌン　　　オプスムニダ。

❹ 유키 : 그럼, 아메리카노 두 잔하고 샌드위치 한 개 주세요.

ユキ：　クロム、　アメリカノ　　　トゥジャナゴ　　センドゥウィチ　ハンゲ　チュセヨ。

❺ 점원 : 네, 알겠습니다. 17,500원입니다.

店員：　ネ、　アルゲッスムニダ。マンチルチョノベグォニムニダ。

❻ 유키 : 여기 있습니다.

ユキ：　ヨギ　　イッスムニダ。

❼ 점원 : 감사합니다. 맛있게 드세요.

店員：　カムサハムニダ。　　マシッケドゥセヨ。

※フリガナを付けましたが、赤シートで隠して読んでみたり聞いたりしてみましょう。

本文の語彙や表現

❶ 어서 오세요：いらっしゃいませ
　　뭘 드릴까요?：何をさし上げましょうか
❷ 토마토주스：トマトジュース
❸ 죄송합니다：申し訳ありません
　　없습니다：ありません
❹ 그럼：そしたら，아메리카노：アメリカーノ
　　두 잔：二杯，-하고：〜と
　　샌드위치：サンドイッチ，한 개：一個
　　주세요：ください
❺ 알겠습니다：かしこまりました，원：ウォン
❻ 여기：ここ，있습니다：あります
❼ 감사합니다：ありがとうございます
　　맛있게 드세요：美味しく召し上がってください

本文の日本語訳

❶ 店員：いらっしゃいませ。
　　　　何をさし上げましょうか。
❷ ユキ：トマトジュースありますか。
❸ 店員：申し訳ありません。
　　　　トマトジュースは、ありません。
❹ ユキ：そしたら、アメリカーノ二杯
　　　　とサンドイッチ一個ください。
❺ 店員：はい、かしこまりました。
　　　　17,500 ウォンです。
❻ ユキ：ここにあります。
❼ 店員：ありがとうございます。
　　　　美味しく召し上がってください。

もっと知っておきたい言葉 (1)　　**品物と単位名詞**　　🔊 053

여자
[ヨジャ]

남자
[ナムジャ]

명[ミョン]/사람[サラム]

녹차
[ノクチャ]

주스
[チュス]

물
[ムル]

잔[チャン]

만화책
[マヌァチェク]

잡지
[チャプチ]

노트
[ノトゥ]

권[クォン]

개
[ケ]

고양이
[コヤンイ]

생선
[センソン]

마리[マリ]

교통카드
[キョトンカドゥ]

우표
[ウピョ]

장[チャン]

우산
[ウサン]

사과
[サグヮ]

필통
[ピルトン]

개[ケ]

第6課

화폐 (貨幣) 🔊054

십 원 [シプォン]　　오십 원 [オシプォン]　　백 원 [ペグォン]　　오백 원 [オベグォン]

천 원 [チョヌォン]　　오천 원 [オチョヌォン]　　만 원 [マヌォン]　　오만 원 [オマヌォン]

学習ポイント (1)　－ㅂ니다 / 습니다, －ㅂ니까 / 습니까　〜です（ます）・〜ですか（ますか）

「합니다体」

	〜です（ます）	〜ですか（ますか）
動詞・形容詞の語幹末 パッチム（〇）	－습니다	－습니까?
動詞・形容詞の語幹末 パッチム（×）	－ㅂ니다	－ㅂ니까?
*'ㄹ' パッチムの場合	'ㄹ' パッチムが脱落して－ㅂ니다	'ㄹ' パッチムが脱落して－ㅂ니까?

		現在	
		叙述文	疑問文
먹 / 다	먹 + 습니다	먹습니다	먹습니까?
있 / 다	있 + 습니다	있습니다	있습니까?
가 / 다	가 + ㅂ니다	갑니다	갑니까?
보 / 다	보 + ㅂ니다	봅니다	봅니까?
*만들 / 다	만들 + ㅂ니다 → 만듭니다	만듭니다	만듭니까?
*살 / 다	살 + ㅂ니다 → 삽니다	삽니다	삽니까?
이 / 다	이 + ㅂ니다 → 입니다	입니다	입니까?

※「*」に関しては、107 ページの「ハニ先生の一言」を参考にしてください。

基本形	意味	−ㅂ니다 / 습니다	−ㅂ니까?/ 습니까?	基本形	意味	−ㅂ니다 / 습니다	−ㅂ니까?/ 습니까?
가다	行く			먹다	食べる		
오다	来る			읽다	読む		
보다	見る			듣다	聞く		
사다	買う			걷다	歩く		
자다	寝る			있다	いる・ある		
만나다	会う			없다	いない・ない		
쓰다	書く			*살다	住む		
공부하다	勉強する			*만들다	作る		
감사하다	感謝する			*팔다	売る		

🦉【練習】**2** 例のように文を書いてみよう。

> 例 나나코 / 학교 / 가다 → 나나코 씨는 학교에 갑니다.

❶ 저 / 텔레비전 / 보다 → _____ .

❷ 마이클 / 친구 / 만나다 → _____ .

❸ 에리카 씨 / 노래 / 듣다 → _____ ?

❹ 유진 씨 / 도쿄 / 살다 → _____ ?

하니 선생님의 한마디　　　　　　　● ハニ先生の一言 ●

🦋 ‘ㄹ’ 脱落

→語幹のパッチムが‘ㄹ’である動詞・形容詞で、‘ㄹ’の後に‘ㄴ’,‘ㅂ’,‘ㅅ’などが続く
場合、パッチム‘ㄹ’が消える。

*「‘ㅅ’(ス)‘ㄴ’(ノ)‘ㅂ’(ボ)」は滑るので‘ㄹ’が脱落すると覚えればよいでしょう。

パッチム‘ㄹ’＋‘ㅅ, ㄴ, ㅂ’ → パッチム ㄹ ＋‘ㅅ, ㄴ, ㅂ’
脱落

・살 ＋ ㅂ니다 → 삽니다　　・만들 ＋ ㅂ니다 → 만듭니다

「−하고①」は、話し言葉で日本語の「〜と」にあたり、名詞と名詞を結ぶ時に用います。「−하고」の前後の名詞の位置を入れ替えても意味は変わりません。また、名詞のパッチムの有無と関係なく使います。

가 : 교실에 뭐가 있습니까?　　나 : 책상하고 의자가 있습니다.

가 : 오늘 누구를 만납니까?　　나 : 에리카 씨하고 리나 씨를 만납니다.

練習 1 例のように羅列してみよう。

> 例 빵 / 우유　　빵하고 우유

❶ 교과서 / 노트 　　　　　　　　　　　　　　　　　　　　　　　.

❷ 편의점 / 영화관 　　　　　　　　　　　　　　　　　　　　　　.

❸ 텔레비전 / 컴퓨터 　　　　　　　　　　　　　　　　　　　　　.

❹ 햄버거 / 샌드위치 　　　　　　　　　　　　　　　　　　　　　.

❺ 물 / 주스 　　　　　　　　　　　　　　　　　　　　　　　　　.

練習 2 韓国語は日本語、日本語は〈합니다体〉で韓国語に訳してみよう。

❶ 교실에 선생님하고 학생이 있습니다. 　　　　　　　　　　　　.

❷ 밥하고 김치찌개를 먹습니다. 　　　　　　　　　　　　　　　　.

❸ 일요일에 도서관하고 영화관에 갑니다. 　　　　　　　　　　　.

❹ 韓国語と中国語を習います。 　　　　　　　　　　　　　　　　.

❺ ドラマと映画を見ます。 　　　　　　　　　　　　　　　　　　.

❻ 新聞と雑誌を読みます。 　　　　　　　　　　　　　　　　　　.

-주세요. 〜ください

「-주세요」は、日本語の「〜ください」にあたり、買い物や料理を注文するときなど、欲しいものの後につけます。

가 : 어서 오세요. 뭐 드릴까요?　　나 : 커피 두 잔 주세요.

잡지 한 권 주세요.　　　　　　　사과 다섯 개 주세요.

練習❶ 例のように完成してみよう。

例 사과 / 바나나　　사과하고 바나나 주세요.

❶ 물 / 교통 카드 _____ .

❷ 신문 / 잡지 _____ .

❸ 주스 / 커피 _____ .

❹ 가방 / 구두 _____ .

하니 선생님의 발음 클리닉　　　● ハニ先生の発音クリニック ●

발음（発音）——鼻音化

パッチムの音 ［ㄱ, ㄷ, ㅂ］＋ 'ㄴ, ㅁ' → ［ㅇ, ㄴ, ㅁ］

・작년 ［장년 チャンニョン］ 昨年　　　・국민 ［궁민 クンミン］ 国民

・끝나다 ［끋나다 → 끈나다 クンナダ］ 終わる　　・합니다 ［함니다 ハムニダ］ します

できる! 묻고 말해 봐요! ●聞いて話してみよう!

1 例のように「합니다体」を使って話してみよう。

> 例 가 : 안녕하세요? 저는 김하나입니다. (이다)
>
> 나 : 안녕하세요? 제 이름은 하시모토 레이나입니다.
>
> 만나서 반갑습니다. (반갑다)

⑴ 가 : 유진 씨, 어디에 ＿＿＿＿＿＿＿＿＿？ (가다)

　 나 : ＿＿＿＿＿＿＿＿＿. (도서관)

⑵ 가 : 영화관이 어디에 ＿＿＿＿＿＿＿＿＿？ (있다)

　 나 : 영화관은 ＿＿＿＿＿＿＿＿＿. (커피숍 옆)

⑶ 가 : 한국어를 ＿＿＿＿＿＿＿＿＿？ (배우다)

　 나 : 네, 한국어를 ＿＿＿＿＿＿＿＿＿.

⑷ 가 : 레오 씨는 대학생 ＿＿＿＿＿＿＿？ (이다)

　 나 : 아니요, ＿＿＿＿＿＿＿＿＿. (아니다)

　 　 레오 씨는 ＿＿＿＿＿＿＿＿＿. (고등학생)

⑸ 가 : 교실에 컴퓨터가 ＿＿＿＿＿＿＿？ (있다)

　 나 : 아니요, 교실에 컴퓨터가 ＿＿＿＿＿＿＿. (없다)

⑹ 가 : 레오 씨는 책을 ＿＿＿＿＿＿＿？ (읽다)

　 나 : 아니요, 레오 씨는 책을 ＿＿＿＿＿＿＿.

　 　 레오 씨는 텔레비전을 ＿＿＿＿＿＿＿. (보다)

2 例のように書いて話してみよう。

例

*** PRICE ***
₩ 750

가 : 얼마예요?　(いくらですか)。

나 : 칠백오십 원입니다.

---

(1)

*** PRICE ***
₩ 6,200

가 : 얼마예요?

나 : _____ .

---

(2)

*** PRICE ***
₩ 4,800

가 : 얼마예요?

나 : _____ .

---

(3)

*** PRICE ***
₩ 27,300

가 : _____ ?

나 : _____ .

---

(4)

*** PRICE ***
₩ 12,600

가 : _____ ?

나 : _____ .

---

(5)

*** PRICE ***
₩ 190,000

가 : _____ ?

나 : _____ .

第 **6** 課

3 例のように書いて話してみよう。(6)、(7)は自分のことを書いて話してみよう。

> 例　가 : 나나 씨, 뭘 먹어요? (빵 / 커피)
>
> 　　나 : 빵하고 커피를 먹어요.

(1) 가 : 마이클 씨, 뭘 봐요? (드라마 / 영화)

　　나 : _____ .

(2) 가 : 유나 씨, 뭘 읽어요? (신문 / 잡지)

　　나 : _____ .

(3) 가 : 제니 씨, 누구를 만나요? (레오 씨 / 미나 씨)

　　나 : _____ .

(4) 가 : 레오 씨, 뭘 사요? (옷 / 가방)

　　나 : _____ .

(5) 가 : 교실에 뭐가 있어요? (책상 / 의자)

　　나 : _____ .

(6) 가 : 가방 안에 뭐가 있어요?

　　나 : _____ .

(7) 가 : 방 안에 뭐가 있어요?

　　나 : _____ .

4 例のように書いて話してみよう。

例

 커피 / 콜라

가 : 뭘 드릴까요?

나 : 커피 두 잔하고 콜라 한 잔 주세요.

(1)  노트 / 필통

가 : 뭘 드릴까요?

나 : _____ .

(2)  사과 / 딸기
(팩[ペク] パック)

가 : 뭘 드릴까요?

나 : _____ .

(3)  닭 / 계란

가 : 뭘 드릴까요?

나 : _____ .

第
6
課

(4) 컵라면 / 우표

가 : _____ ?

나 : _____ .

1 対話を聞いて、質問に答えてみよう。　　　　　🔊)) 055

(1) 무엇을 삽니까?

① 　　② 　　③

(2) 전부 얼마입니까?

　① 11,000 원　　　② 11,500 원　　　③ 12,500 원

表の質問に自分のことを書いて、例のように記者になったつもりでクラスメートにインタビューしてみよう。(8)からは自由に質問を作ってみよう。

	나	친구①	친구②
(1) 이름이 무엇입니까?			
(2) 어느 나라 사람입니까?			
(3) 직업은 무엇입니까?			
(4) *몇 살입니까?			
(5) 어디에 삽니까?			
(6) 생일은 언제입니까?			
(7) 형제는 몇 명입니까?			
(8)			
(9)			
(10)			

* 몇 살 [ミョッサル] 何歳

例 가 : 이름이 무엇입니까?

　　나 : 제 이름은 　　　　　　　 입니다.

例のように店員さんとお客さんになったつもりで、注文したり受けたりしてみよう。

例 가 : 어서 오세요? 뭘 드릴까요?

나 : 카페라테 한 잔하고 도넛 두 개 주세요.

가 : 네, 알겠습니다.

나 : *전부 얼마예요?

가 : 10,500원입니다.

나 : 여기 있습니다.

가 : 감사합니다. 맛있게 드세요.

*전부 [チョンブ] 全部で、すべて

알쏭달쏭 퀴즈（アルソンダルソン　クイズ）　　　※答えは149ページ

Q3. 韓国語の文字であるハングルを創製した人物は、朝鮮王朝四代目の王、世宗大王です。世宗大王の姿は紙幣にも描かれていますが、いくらの紙幣でしょうか。

① 1,000 ウォン　　② 5,000 ウォン　　③ 10,000 ウォン　　④ 50,000 ウォン

第 7 課

주말에 친구하고 점심을 먹었어요.
週末に友だちとお昼を食べました。

🔊) 056

学習ポイント -았어요 / 었어요 / 였어요　-하고 (같이)　-에서

❶ 유진 : 에리카 씨, 주말에 뭐 했어요?

　　ユジン：エリカッシ、　　　チュマレ　ムォヘッソヨ？

❷ 에리카 : 친구하고 신오쿠보에 갔어요.

　　エリカ：　チングハゴ　シノクボエ　　　カッソヨ。

❸ 유진 : 그래요? 신오쿠보에서 뭐 했어요?

　　ユジン：クレヨ？　　シノクボエソ　　　ムォヘッソヨ？

❹ 에리카 : 한국 식당에 갔어요.

　　エリカ：　ハングク　シクタンエ　カッソヨ。

❺ 유진 : 한국 식당에서 뭘 먹었어요?

　　ユジン：ハングク　シクタンエソ　ムォルモゴッソヨ？

❻ 에리카 : 치즈 닭갈비하고 지짐이를 먹었어요.

　　エリカ：　チズダッカルビハゴ　　　チヂミルル　モゴッソヨ。

❼ 유진 : 맛있었어요?

　　ユジン：マシッソッソヨ？

❽ 에리카 : 네, 정말 맛있었어요.

　　エリカ：　ネ、　チョンマル　マシッソッソヨ。

※フリガナを付けましたが、赤シートで隠して読んでみたり聞いたりしてみましょう。

① 주말：週末，했어요?：しましたか
② 친구：友だち，-하고：～と
　신오쿠보：新大久保
　-에 갔어요：～に行きました
③ -에서：～で
④ 식당：食堂
⑤ 먹었어요(?)：食べました(か)
⑥ 치즈 닭갈비：チズダッカルビ，지짐이：チヂミ
⑦ 맛있었어요(?)：おいしかったです(か)
⑧ 정말：本当に

本文の日本語訳

① ユジン：エリカさん、週末に何をしましたか。
② エリカ：友だちと新大久保に行きました。
③ ユジン：そうですか。
　　　　　新大久保で何をしましたか。
④ エリカ：韓国の食堂に行きました。
⑤ ユジン：韓国の食堂で何を食べましたか。
⑥ エリカ：チーズダッカルビとチヂミを食べました。
⑦ ユジン：おいしかったですか。
⑧ エリカ：はい、本当においしかったです。

もっと知っておきたい言葉 (1)　形容詞　🔊057

크다 [クダ]
大きい

작다 [チャクタ]
小さい

많다 [マンタ]
多い

적다 [チョクタ]
少ない

비싸다 [ピッサダ]
高い

싸다 [サダ]
安い

좋다 [チョタ]
良い

나쁘다 [ナプダ]
悪い

재미있다 [チェミイッタ]
面白い

재미없다 [チェミオプタ]
面白くない

맛있다 [マシッタ]
美味しい

맛없다 [マドプタ]
美味しくない

아프다 [アプダ]
痛い

바쁘다 [パプダ]
忙しい

피곤하다 [ピゴナダ]
疲れる

예쁘다 [イェプダ]
きれいだ

第7課

이야기 [イヤギ]　 식사 [シクサ]　 약속 [ヤクソク]　 주문 [チュムン]　 -을 / 를 하다

 골프 [コルプ]　 테니스 [テニス]　 배드민턴 [ペドゥミントン]　 탁구 [タック]　 -을 / 를 치다

 피아노 [ピアノ]　 기타 [キタ]　-을 / 를 치다　 자전거 [チャジョンゴ]　 스키 [スキ]　-을 / 를 타다

 불고기 [プルゴギ]　 치즈 닭갈비 [チズダッカルビ]　 삼계탕 [サムゲタン]　 삼겹살 [サムギョプサル]

 김밥 [キンパプ]　 라면 [ラミョン]　 떡볶이 [トクポキ]　 호떡 [ホトク]

 냉면 [ネンミョン]　 짜장면 [チャジャンミョン]　 비빔밥 [ビビンパプ]　 핫도그 [ハットグ]

-았어요 / 었어요 / 였어요 ～でした、～ました

「-았어요 / 었어요 / 였어요」は、「-아요 / 어요 / 여요」の過去形であり、付け方はパッチムの有無に関係なく動詞・形容詞の語幹の最後の母音によって次のとおりになります。

動詞や形容詞の語幹の最後の母音	ㅏ, ㅗ	-았어요
	ㅏ, ㅗ 以外	-었어요
	하	-였어요

많 / 다	많 + 았어요	많았어요
좋 / 다	좋 + 았어요	좋았어요
싸 / 다	싸 + 았어요 → 싸았어요	쌌어요
적 / 다	적 + 었어요	적었어요
치 / 다	치 + 었어요 → 치었어요	쳤어요
피곤하 / 다	피곤하 + 였어요 → 피곤하였어요	피곤했어요
*크 / 다	크 + 었어요 → 크었어요	컸어요
*듣 / 다	듣 + 었어요 → 듣었어요	들었어요

하니 선생님의 한마디 　　　　　　　　　　　　● 八二先生の一言 ●

🦋 '으' 脱落

▶語幹が '으' で終わる動詞・形容詞は、母音 '-아 / 어' で始まる語尾がつくと例外なく '으' が脱落し、'으' の前の母音によって後ろにつく母音も変わる。

① '으' 前の母音が 'ㅏ' や 'ㅗ' の場合 '-아요 / 았어요' がつく。

　바쁘 + 아요 / 았어요 → 바빠요 / 바빴어요

② '으' 前の母音が 'ㅏ' や 'ㅗ' 以外の場合 '-어요 / 었어요' がつく。

　예쁘 + 어요 / 었어요 → 예뻐요 / 예뻤어요

③ 語幹が一音節の場合 '-어요 / 었어요' がつく。

　쓰 + 어요 / 었어요 → 써요 / 썼어요

動詞	意味	−았어요 / 었어요 / 였어요	形容詞	意味	−았어요 / 었어요 / 였어요
가다	行く		많다	多い	
오다	来る		작다	小さい	
보다	見る		싸다	値段が安い	
사다	買う		비싸다	値段が高い	
타다	乗る		좋다	良い	
자다	寝る		높다	高い	
만나다	会う		낮다	低い	
살다	住む		적다	少ない	
알다	知る		멀다	遠い	
닫다	閉める		넓다	広い	
놀다	遊ぶ		맛있다	美味しい	
먹다	食べる		맛없다	美味しくない	
마시다	飲む		재미있다	面白い	
읽다	読む		재미없다	面白くない	
입다	着る		깨끗하다	きれいだ	
치다	打つ・弾く		피곤하다	疲れる	
*듣다	聞く	*들었어요	*크다	大きい	*컸어요
*걷다	歩く	*걸었어요	*바쁘다	忙しい	*바빴어요
*쓰다	書く	*썼어요	*예쁘다	きれいだ	*예뻤어요

하니 선생님의 한마디　　　　　　　● 八二先生の一言 ●

🐞 'ㄷ' 不規則

▶ 語幹のパッチムが 'ㄷ' で終わる一部の動詞の後に母音で始まる語尾がつくと、'ㄷ' が 'ㄹ' に変わる。

パッチム 'ㄷ' ＋ 母音 → パッチム 'ㄹ' ＋ 母音

・걷 + 어요 / 었어요 → 걸어요 / 걸었어요

・듣 + 어요 / 었어요 → 들어요 / 들었어요

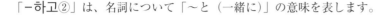

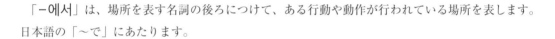

学習ポイント(2) −하고② 〜と

「−하고②」は、名詞について「〜と（一緒に）」の意味を表します。

가 : 지난 주말에 뭐 했어요?　　　나 : 친구하고 같이 신오쿠보에 갔어요.
그리고 쇼핑을 했어요.

🦉練習① 例のように文を書いてみよう。

　例 동생 / 영화　　　동생하고 영화를 봐요.

❶ 형 / 야구를 하다　　　　　　　　　　　　　　　　　　　　　．

❷ 친구 / 영화관에 가다　　　　　　　　　　　　　　　　　　．

❸ 스미레 씨 / 공부를 하다　　　　　　　　　　　　　　　　．

❹ 영수 씨 / 테니스를 치다　　　　　　　　　　　　　　　　．

学習ポイント(3) −에서 〜で

「−에서」は、場所を表す名詞の後ろにつけて、ある行動や動作が行われている場所を表します。
日本語の「〜で」にあたります。

가 : 어제 어디에서 공부했어요?　　나 : 학교 도서관에서 공부했어요.
공원에서 산책을 해요.　　　　　커피숍에서 친구를 만나요.

🦉練習② 例のように完成してみよう。

　例 영화관 / 영화 / 보다　　　영화관에서 영화를 봤어요.

❶ 식당 / 밥 / 먹다　　　　　　　　　　　　　　　　　　　　．

❷ 커피숍 / 친구 / 만나다　　　　　　　　　　　　　　　　　．

❸ 편의점 / 빵 / 우유 / 사다　　　　　　　　　　　　　　　．

❹ 도서관 / 책 / 읽다　　　　　　　　　　　　　　　　　　　．

❺ 공원 / 자전거 / 타다　　　　　　　　　　　　　　　　　　．

第 7 課

1 例のように丁寧な格式的表現を使って話してみよう。

例

가 : 어제 뭐 했어요?

나 : <u>텔레비전을 봤어요.</u>

---

(1)

가 : 어제 뭐 했어요?

나 : 운동을 _____ .

(2)

가 : 어제 뭐 했어요?

나 : 음악을 _____ .

(3)

가 : 어제 뭐 했어요?

나 : 가족들하고 온천 _____ .

(4)

가 : 어제 뭐 했어요?

나 : 친구를 _____ .

(5)

가 : _____ ?

나 : _____ .

(6)

가 : _____ ?

나 : _____ .

2 例のように書いて話してみよう。

例

가 : 언제 아르바이트를 <u>했어요</u>? (하다)

나 : 어제 아르바이트를 <u>했어요</u>. (어제)

(1)

가 : 언제 ＿＿＿＿＿＿＿＿＿? (졸업하다)

나 : ＿＿＿＿＿＿＿＿＿. (지난주)

(2)

가 : 언제 일본에 ＿＿＿＿＿＿? (오다)

나 : ＿＿＿＿＿＿＿＿＿. (작년 5 월)

(3)

가 : 뭐를 ＿＿＿＿＿＿＿＿? (사다)

나 : ＿＿＿＿＿＿＿＿＿. (옷, 구두)

(4)

가 : 점심에 뭐 ＿＿＿＿＿＿? (먹다)

나 : ＿＿＿＿＿＿＿＿＿. (빵, 우유)

(5)

가 : 어디에서 친구를 ＿＿＿＿? (만나다)

나 : ＿＿＿＿＿＿＿＿＿. (커피숍)

3 例のように書いて話してみよう。

例 가 : 어디에서 쇼핑을 해요?
나 : 백화점에서 쇼핑을 해요.

(1) 가 : 어디에서 책을 사요?
나 : _____ .

(2) 가 : 어디에서 아르바이트를 해요?
나 : _____ .

(3) 가 : 어디에서 한국어를 배워요?
나 : _____ .

(4) 가 : 어디에서 _____ ?
나 : _____ .

(5) 가 : 어제 어디에서 _____ ?
나 : _____ .

(6) 가 : 지난주에 _____ ?
나 : _____ .

次の文章を読んで質問に答えてみよう。

지난주 토요일에 가족하고 같이 제주도에 갔어요.

나리타 공항에서 비행기를 탔어요. 우리 가족은

제주도에 2박 3일 있었어요. 제주도 날씨가 참 좋았어요.

그리고 바다가 무척 깨끗했어요. 바다에서 배를 탔어요.

우리는 관광지에서 사진을 많이 찍었어요.

음식은 해산물하고 흑돼지고기를 먹었어요.

특히 저는 흑돼지고기가 맛있었어요.

제주도 여행이 정말 재미있었어요.

〈성산일출봉 城山日出峰〉

*공항 [コンハン] 空港 비행기 [ピヘンギ] 飛行機
2박 3일 [イバクサミル] 二泊三日 날씨 [ナルシ] 天気
참 [チャム] 本当に 바다 [パダ] 海
무척 [ムチョク] とても
깨끗하다 [ケクタダ] きれいだ 배 [ペ] 船
관광지 [クヮングヮンジ] 観光地 특히 [トゥキ] 特に
음식 [ウムシク] 食べ物 해산물 [ヘサンムル] 海産物 흑돼지고기 [フクテェジゴギ] 黒豚肉

〈돌하르방 トルハルバン〉

〈흑돼지고기 黒豚肉〉

(1) 지난주 토요일에 어디에 갔어요?

_____ .

(2) 제주도에 며칠 있었어요?

_____ .

第 **7** 課

(3) 제주도에서 무엇을 했어요?

① _____ .

② _____ .

(4) 제주도에서 무엇을 먹었어요?

_____ .

二人の対話を聞いて絵を参考に表を完成してみよう。　　　　🔊060

이름	몇 번	언제	어디	누구하고	뭐 했어요?
유키					
웨이					
마이클					

(1)　　　　　　　　　　　(2)　　　　　　　　　　　(3)

てきる! **말해 봐요!**　　　　　　　　　　　　　●話してみよう！

例のようにクラスメートと昨日のことについて話して表を完成してみよう。

이름	어디에 갔어요?	누구하고 갔어요?	뭘 했어요?
例 나오	커피숍	혼자	책을 읽다
친구①			
친구②			
친구③			

* 혼자 ［ホンジャ］ 一人で

例 가 : 나오 씨, 어제 어디에 갔어요?

나 : 커피숍에 갔어요.

가 : 누구하고 갔어요?

나 : 혼자 갔어요.

가 : 커피숍에서 뭘 했어요?

나 : 커피숍에서 책을 읽었어요.

하니 선생님의 발음 클리닉

🦋 발음（発音）——口蓋音化

パッチム 'ㄷ, ㅌ' ＋ 이
　　　　　→ [지, 치]

같이 [가치] 一緒に　　밭이 [바치] 畑が　　해돋이 [해도지] 日の出

알쏭달쏭 퀴즈 （アルソンダルソン クイズ）　　　　※答えは 149 ページ

Q4. **제주도** （済州島）は、韓国で一番大きい島です。そして、昔からある三つのものが多いので、
삼다도 （三多島）という愛称を持っています。その三つに入らないのは次のうちどれでしょうか。

　① **바람** （風）　　② **여자** （女）　　③ **돌** （石）　　④ **말** （馬）

Q5. また、**제주도** （済州島）は、昔から**삼무** （三無）の島としても有名です。その三つに入らない
のは次のうちどれでしょうか。

　① **산** （山）　　② **도둑** （泥棒）　　③ **거지** （乞食）　　④ **대문** （門扉）

第8課

이건 우리 가족 사진이에요.

これは、わたし（たち）の家族写真です。

🔊 061

スキル 家族や自分の好きな人について紹介することができる。

学習ポイント -의 이/그/저

❶ 에리카 : 유진 씨, 이거 가족 사진이에요?

　　　エリカ： ユジンシ、 イゴ カジョク サジニエヨ？

❷ 유진 : 네, 우리 가족 사진이에요.

　　　ユジン：ネ、 ウリ カジョク サジニエヨ

❸ 에리카 : 이 사람은 누구예요?

　　　エリカ： イ サラムン ヌグイェヨ？

❹ 유진 : 제 여동생이에요. 에리카 씨는 여동생이 있어요?

　　　ユジン：チェ ヨドンセンイエヨ。 エリカッシヌン ヨドンセンイ イッソヨ？

❺ 에리카 : 아니요, 저는 여동생이 없어요.

　　　エリカ： アニヨ、 チョヌン ヨドンセンイ オプソヨ。

❻ 유진 : 아, 그래요? 에리카 씨의 가족은 몇 명이에요?

　　　ユジン：ア、クレヨ？ エリカッシエ カジョグン ミョン ミョンイエヨ？

❼ 에리카 : 우리 가족은 부모님하고 남동생, 저 네 명이에요.

　　　エリカ： ウリ カジョグン プモニマゴ ナムドンセン、チョ ネミョンイエヨ。

※フリガナを付けましたが、赤シートで隠して読んでみたり聞いたりしてみましょう。

1 이거：これ，**가족**：家族
　 사진：写真
2 우리：わたしたち
3 이：この，**누구**：だれ
4 제：私の，**여동생**：妹
6 몇 명：何人
7 부모님：両親，**남동생**：弟
　 네 명：四人

本文の日本語訳

1 エリカ：ユジンさん、これ家族写真ですか。
2 ユジン：はい、わたし（たち）の家族写真です。
3 エリカ：この人はだれですか。
4 ユジン：私の妹です。エリカさんは妹がいますか。
5 エリカ：いいえ。私は、妹がいません。
6 ユジン：あ、そうですか。
　　　　　エリカさんの家族は何人ですか。
7 エリカ：わたし（たち）の家族は両親と弟、私、四人です。

もっと知っておきたい言葉 (1)　　**가족**（家族）　　🔊062

할머니 ［ハルモニ］

할아버지 ［ハラボジ］

나 ［ナ］（여자 女）

언니 ［オンニ］

오빠 ［オパ］

어머니 ［オモニ］

아버지 ［アボジ］

강아지 ［カンアジ］

남동생 ［ナムドンセン］

누나 ［ヌナ］

나 ［ナ］（남자 男）

형 ［ヒョン］

여동생 ［ヨドンセン］

독서 [トクソ]
読書

요리 [ヨリ]
料理

쇼핑 [ショピン]
ショッピング

게임 [ケイム]
ゲーム

여행 [ヨヘン]
旅行

등산 [トゥンサン]
登山

댄스 [テンス]
ダンス

수영 [スヨン]
水泳

야구 [ヤグ]
野球

축구 [チュック]
サッカー

농구 [ノング]
バスケットボール

배구 [ペグ]
バレーボール

야구 보는 거
[ヤグ ボヌンゴ]
野球観戦すること

축구 보는 거
[チュック ボヌンゴ]
サッカー観戦すること

영화 감상
[ヨンフヮガムサン]
映画鑑賞

노래하는 거
[ノレ ハヌンゴ]
歌を歌うこと

만화 그리는 거
[マヌヮ グリヌンゴ]
漫画を描くこと

음악 감상
[ウマッカムサン]
音楽鑑賞

-의 ~の

　「의」は、名詞の後ろにつづいてその名詞の所有であることを表す助詞です。日本語では「～の」
にあたります。この場合、「의」の発音は［의］と［에］両方可能ですが、一般的には［에］と発音
されることが多いです。話すときには省略されることも多いですが、人を表す代名詞である'나',
'저', '너'の場合は「의」は省略されないで'내', '제', '네'のように縮約されます。でも、その複
数を表す' 우리', '저희', '너희'の場合には「의」をあまり使いません。また、'누구의'の場合も「의」
を省略して'누구'のように使う場合が多いです。

	名詞＋의		名詞＋의		名詞＋의
누구	누구 (의) 가방	나	나의 → 내 책	우리	우리 (의) 나라
동생	동생 (의) 책	저	저의 → 제 옷	저희	저희 (의) 가족
레오 씨	레오 씨 (의) 취미	너	너의 → 네 안경	너희	너희 (의) 반

※ (　) は省略する場合が多い。

가 : 이건 제니 씨 **(의)** 책이에요?　　나 : 아니요, 저**의** / **제** 책이 아니에요.

가 : 이 가방은 누구 **(의)** 가방이에요?　　나 : 카린 씨 **(의)** 가방이에요.

레오 씨 **(의)** 취미는 야구예요.　　유진 씨 **(의)** 가족은 네 명이에요.

🦉**練習 1**　例のように助詞「의」を使い、文を完成してみよう。

　　例 할머니 / 안경　　할머니의 안경이에요.

❶ 아버지 / 가방　　　　　　　　　　　　　　　　　　　　　　　.

❷ 저 / 취미　　　　　　　　　　　　　　　　　　　　　　　　.

❸ 에리카 씨 / 오빠　　　　　　　　　　　　　　　　　　　　.

❹ 우리 / 가족　　　　　　　　　　　　　　　　　　　　　　.

「이 / 그 / 저」は、日本語の「この、その、あの」にあたり、話し手に近い人や物を指すときは「이 + 名詞」、聞き手に近い人や物を指すときは「그 + 名詞」、話し手や聞き手と遠い人や物を指すときは「저 + 名詞」を使います。

	사람 人	사물 事物			
이 この	이 사람 この人 / 이분 この方	이것 (이거) これ	이것은 (이건) これは	이것이 (이게) これが	이것을 (이걸) これを
그 その	그 사람 その人 / 그분 その方	그것 (그거) それ	그것은 (그건) それは	그것이 (그게) それが	그것을 (그걸) それを
저 あの	저 사람 あの人 / 저분 あの方	저것 (저거) あれ	저것은 (저건) あれは	저것이 (저게) あれが	저것을 (저걸) あれを

※ （　）は話し言葉 / 「이분, 그분, 저분」の分かち書きに注意！

이것 (이거)

그것 (그거)

저것 (저거)

가 : 이게 뭐예요?　　　　　나 : 그건 제 컴퓨터예요

가 : 그게 뭐예요?　　　　　나 : 이건 한국어 교과서예요.

가 : 저게 뭐예요?　　　　　나 : 저건 스마트폰이에요.

이 사진은 우리 가족 사진이에요.

그 사람은 누구예요?

저 컴퓨터는 얼마예요?

練習1 例のように文を完成してみよう。

例 이것 / 저 / 책상 　　　이것은 제 책상이에요.

❶ 그것 / 아버지 / 안경 ＿＿＿＿＿＿＿＿＿＿＿＿＿＿＿＿ .

❷ 저거 / 에리카 씨 / 가방 ＿＿＿＿＿＿＿＿＿＿＿＿＿＿＿＿ .

❸ 이분 / 우리 / 선생님 ＿＿＿＿＿＿＿＿＿＿＿＿＿＿＿＿ .

❹ 그 사람 / 저 / 친구 ＿＿＿＿＿＿＿＿＿＿＿＿＿＿＿＿ .

❺ 저 책 / 누구 / 것 ＿＿＿＿＿＿＿＿＿＿＿＿＿＿＿＿ ?

練習2 次の文を韓国語は日本語、日本語は韓国語に訳してみよう。

❶ 이건 누구(의) 컴퓨터예요? ＿＿＿＿＿＿＿＿＿＿＿＿＿＿＿＿ .

❷ 그 사람은 우리 오빠가 아니에요. ＿＿＿＿＿＿＿＿＿＿＿＿＿＿＿＿ .

❸ 제 취미는 수영이에요. ＿＿＿＿＿＿＿＿＿＿＿＿＿＿＿＿ .

❹ この写真は、レオさんの家族写真ですか。 ＿＿＿＿＿＿＿＿＿＿＿＿＿＿＿＿ .

❺ それはエリカさんの教科書ではありません。 ＿＿＿＿＿＿＿＿＿＿＿＿＿＿＿＿ .

❻ あの人の趣味は、ショッピングです。 ＿＿＿＿＿＿＿＿＿＿＿＿＿＿＿＿ .

하니 선생님의 한마디　　　　　　　　　　　　　　(八二先生の一言)

> 韓国語では自分と近くて親密な関係（家・家族・国・会社・学校など）にある対象については、例のように '내 / 제' より '우리 / 저희' と表現する傾向があります。しかし、'동생' の場合は '우리 동생' より '내 동생 / 제 동생' を使います。自分を低めて表現するときは、'우리' の謙譲語である '저희' を使います。しかし、'나라' について話すときは '저희 나라' とは言わず、'우리나라' と言います。
>
> ・내 집 → 우리 집　　・내 가족 → 우리 가족　　・내 학교 → 우리 학교
> ・내 언니 → 우리 언니　・내 어머니 → 우리 어머니
> ・제 나라 → 저희 나라 (X) 우리나라 (○)

1 絵を参考に例のように書いて話してみよう。

例

가 : 이게 뭐예요? (안경)

나 : <u>안경이에요.</u>

(1) 가 : 이게 뭐예요? (우산)

나 : _____ .

(2) 가 : _____ ? (노트북)

나 : _____ .

(3)

가 : 그게 뭐예요? (볼펜)

나 : 이건 _____ .

(4) 가 : _____ ? (가방)

나 : _____ .

(5) 가 : 저게 뭐예요? (운동화)

나 : 저건 _____ .

(6)

가 : _____ ? (모자)

나 : _____ .

2 例のように書いて話してみよう。

> 例
>
> 언니 / 치마
>
> 가 : 이 치마는 누구 치마예요?
>
> 나 : <u>언니의 치마예요.</u>

 (1)

제니 / 핸드폰

가 : 이 핸드폰은 누구 핸드폰이에요?

나 : _____.

 (2)

마이클 / 컴퓨터

가 : 이 컴퓨터는 누구 컴퓨터예요?

나 : _____.

 (3)

웨이 / 노트

가 : 그 _____?

나 : _____.

 (4)

아버지 / 시계

가 : 그 _____?

나 : _____.

 (5)

할머니 / 안경

가 : 저 _____?

나 : _____.

(6)

형 / 책

가 : 저 _____?

나 : _____.

第 8 課

ユナの家族紹介を読んで質問に答えてみよう。

우리 가족을 소개합니다.

이건 우리 가족 사진이에요. 우리 가족은 네 명이에요. 이분은 우리 아버지예요. 아버지는 회사원이에요. 이분은 우리 어머니예요. 어머니는 한국어 선생님이에요. 아버지하고 어머니의 취미는 등산이에요. 아버지하고 어머니는 매주 산에 가요. 이 사람은 우리 오빠예요. 오빠는 대학교 1학년이에요. 오빠는 편의점에서 아르바이트를 해요. 오빠의 취미는 영화 감상이에요. 특히 오빠는 액션 영화를 좋아해요.

그리고 이건 우리 집 고양이예요. 고양이의 이름은 모모예요. 모모는 제 친구예요.

우리 가족은 모두 모모를 좋아해요.

(1) 유나 아버지의 직업은 뭐예요?

_____.

(2) 유나 아버지의 취미는 뭐예요?

_____.

(3) 유나 어머니의 직업은 뭐예요?

_____.

(4) 유나 오빠의 취미는 뭐예요?

_____.

(5) 고양이의 이름은 뭐예요?

_____.

できる! 들어 봐요! ●聞いてみよう!

二人の対話を聞いてリナさんとユキさんの家族写真を選んで（　）中に番号を書いてみよう。 🔊064

리나 씨 가족 사진　（　　　　）　/　유키 씨 가족 사진（　　　　）

(1)　　　　　　　　　　　(2)　　　　　　　　　　(3)

できる! 말해 봐요! ●話してみよう!

例のようにクラスメートにも聞いて表を完成してみよう。[　]は、繰り返しながら聞いてみよう。

가족	例 유나 / 취미	나 / 취미	친구① / 취미	친구② / 취미
아버지	○ / 등산			
어머니	○ / 쇼핑			
언니 / 누나				
오빠 / 형	○ / 야구			
남동생				
여동생				

例　가 : 유나 씨의 가족은 몇 명이에요?

　　나 : 네 명이에요. 아버지, 어머니, 오빠 그리고 저예요.

　　［가 : 아버지의 취미는 뭐예요?

　　　나 : 아버지는 등산을 좋아해요.］

第 8 課

第9課 여름 방학 때 서울에 갈 거예요.

夏休みのとき、ソウルに行くつもりです。

🔊) 065

❶ 유키 : 에리카 씨, 여름 방학이 언제부터예요?

ユキ：　エリカッシ、　　ヨルンバンハギ　　オンジェブトイェヨ？

❷ 에리카 : 다음 달 20일부터예요.

エリカ：　　タウムタル　　イシビルブトイェヨ。

❸ 유키 : 에리카 씨는 여름 방학 때 뭐 할 거예요?

ユキ：　エリカッシヌン　　ヨルンバンハクテ　　ムォ ハルコイェヨ？

❹ 에리카 : 언니하고 서울에 갈 거예요. 유키 씨는 뭐 할 거예요?

エリカ：　オンニハゴ　　ソウレ　　カルコイェヨ。　ユキッシヌン ムォ　ハルコイェヨ？

❺ 유키 : 저도 서울에 갈 거예요.

ユキ：　チョド ソウレ　　カルコイェヨ。

❻ 에리카 : 아, 그래요? 서울에서 어디에 갈 거예요?

エリカ：　ア、　クレヨ？　　ソウレソ　　オディエ　　カルコイェヨ？

❼ 유키 : 북촌 한옥마을에 갈 거예요. 한옥마을에서 사진을 많이 찍고 싶어요.

ユキ：　プクチョン　ハノンマウレ カルコイェヨ。ハノンマウレソ　　サジヌル マニ　チッコシポヨ。

❽ 에리카 : 저는 명동에 갈 거예요. 명동에서 쇼핑을 하고 싶어요.

エリカ：　チョヌン ミョンドンエ カルコイェヨ。ミョンドンエソ ショピンウル ハゴシポヨ。

※フリガナを付けましたが、赤シートで隠して読んでみたり聞いたりしてみましょう。

❶ 여름 방학：夏休み，언제：いつ

❷ 다음 달：来月

❸ 여름 방학：夏休み，때：時

　할 거예요?：するつもりですか

❹ 서울：ソウル，갈 거예요：行くつもりです

❺ －도：～も

❼ 북촌：北村（地名），한옥마을：韓屋村

　사진：写真，많이：たくさん

　찍고 싶어요：撮りたいです

❽ 명동：ミョンドン（地名）

　쇼핑을 하고 싶어요：ショッピングをしたいです

┌─────────────────┐
│ 本文の日本語訳 │
└─────────────────┘

❶ ユキ：　エリカさん、夏休みはいつからですか。

❷ エリカ：来月20日からです。

❸ ユキ：　エリカさんは、夏休みのとき何をする
　　　　　つもりですか。

❹ エリカ：姉と一緒にソウルに行くつもりです。
　　　　　ユキさんは何をするつもりですか。

❺ ユキ：　私もソウルに行くつもりです。

❻ エリカ：あ、そうですか。ソウルでどこに行く
　　　　　つもりですか。

❼ ユキ：　北村韓屋村に行くつもりです。北村韓
　　　　　屋村で写真をたくさん撮りたいです。

❽ エリカ：私は、明洞に行くつもりです。明洞で
　　　　　ショッピングをしたいです。

もっと知っておきたい言葉（1） **장소（場所）②** ◀) 066

박물관
［パンムルグヮン］
博物館

미술관
［ミスルグヮン］
美術館

고궁
［コグン］
故宮

놀이공원
［ノリゴンウォン］
遊園地

산 ［サン］
山

바다 ［パダ］
海

온천 ［オンチョン］
温泉

스포츠센터
［スポチュセント］
スポーツセンター

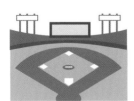

야구장
［ヤグジャン］
野球場

축구장
［チュックジャン］
サッカー場

농구장
［ノングジャン］
バスケットボール場

수영장
［スヨンジャン］
プール

第9課

139

숙제하다 [スクチェハダ]
宿題する

학원에 가다 [ハグォネ カダ]
塾に行く

구경하다 [クギョンハダ]
見物する

사진을 찍다
[サジヌル チクタ]
写真を撮る

낚시하다 [ナクシハダ]
釣りをする

공연을 보다 [コンヨヌル ポダ]
公演を見る

인터넷을 하다
[イントネスル ハダ]
インターネットをする

에스엔에스를 하다
[エスエンエスルル ハダ]
SNSをする

댄스 연습을 하다 [テンス ヨンスブル ハダ]
ダンス練習をする

서예를 배우다 [ソイェルル ペウダ]
書道を習う

놀이 기구를 타다 [ノリギグルル タダ]
アトラクションに乗る

운전면허를 따다 [ウンジョンミョノルル タダ]
運転免許を取る

学習ポイント(1) **-(으)ㄹ 거예요** 〜するつもりです

「-(으)ㄹ 거예요」は、日本語では「〜つもりです」の意味で、動詞の後に用いて未来の計画や予定を表します。付け方は動詞の語幹のパッチム有無によって次のようになります。

動詞の語幹末	パッチム　（○）	-을 거예요
	パッチム　（×）	-ㄹ 거예요
	*'ㄹ' パッチムの場合 'ㄹ' パッチムが脱落して	-ㄹ 거예요

먹 / 다	먹 + 을 거예요	먹을 거예요
읽 / 다	읽 + 을 거예요	읽을 거예요
가 / 다	가 + ㄹ 거예요	갈 거예요
쉬 / 다	쉬 + ㄹ 거예요	쉴 거예요
*만들 / 다	만들 + ㄹ 거예요 → 만들 거예요	만들 거예요
*듣 / 다	듣 + 을 거예요 → 들을 거예요	들을 거예요
*돕 / 다	돕 + 을 거예요 → 도우 ㄹ 거예요	도울 거예요

하나 선생님의 한마디　　　　　　　　　　　◉ ハニ先生の一言 ◉

🦋 'ㅂ' 不規則

▶語幹のパッチムが 'ㅂ' で終わる一部の動詞と形容詞の後に、母音で始まる語尾がつくと 'ㅂ' が 'オ' や 'ウ' に変わる。

パッチム 'ㅂ' + 母音 → 오 / 우 + 母音

돕다（助ける、手伝う）　돕 + 아요 → 도오아요 → 도와요
　　　　　　　　　　　돕 + 을 거예요 → 도우ㄹ 거예요 → 도울 거예요
춥다（寒い）　　　　　　춥 + 어요 → 추우어요 → 추워요
　　　　　　　　　　　춥 + 을 거예요 → 추우ㄹ 거예요 → 추울 거예요

（＊形容詞の後の「-(으)ㄹ 거예요」は未来時制ではなく推量を表す。）

練習① 表を完成してみよう。

基本形	意味	ー ㄹ 거예요	基本形	意味	ー을 거예요
가다	行く		먹다	食べる	
오다	来る		읽다	読む	
보다	見る		입다	着る	
사다	買う		씻다	洗う	
타다	乗る		찍다	撮る	
자다	寝る		받다	もらう / 受ける	
쓰다	書く		닫다	閉める	
쉬다	休む		*놀다	遊ぶ	놀 거예요
만나다	会う		*살다	住む	
다니다	通う		*만들다	作る	
배우다	習う		*알다	知る	
따다	取る		*듣다	聞く	들을 거예요
숙제하다	宿題する		*걷다	歩く	
구경하다	見物する		*돕다	助ける・手伝う	도울 거예요
낚시하다	釣りをする		*줍다	拾う	

学習ポイント② **ー도 ～も**

「ー도」は、名詞の後ろにつき、対象を羅列したり、前の事柄と同様の事実を付け加えるときに使います。日本語の「～も」にあたります。

가 : 요즘 뭐를 배워요?　　　나 : 한국어를 배워요. 태권도도 배워요.

레오 씨는 일본 사람이에요. 에리카 씨도 일본 사람이에요.

저는 키가 커요. 동생도 키가 커요.

은 / 는 　이 / 가 　을 / 를 　도

❶ 레오 씨는 고등학생이에요. 에리카 씨 (　) 고등학생이에요.

❷ 저 (　) 빵 (　) 좋아해요. 동생 (　) 빵 (　) 안 좋아해요.

❸ 제니 씨는 도쿄 디즈니랜드에 갈 거예요.

　　제니 씨는 오사카 유니버설 스튜디오에 (　) 갈 거예요.

❹ 가 : 가방에 뭐 (　　) 있어요?

　　나 : 책 (　) 있어요. 노트 (　) 있어요.

❺ 가 : 집에 누가 있어요?

　　나 : 어머니 (　) 있어요. 언니 (　) 있어요.

学習ポイント⑶　**–고 싶어요** ～たいです

「–고 싶어요」は、話し手の希望や願望を表す表現で、日本語の「～たいです」にあたります。動詞の語幹末のパッチム有無に関係なく「–고 싶어요」をつけて使います。

가 : 뭐 먹고 싶어요?　　　　　　　나 : 치즈 닭갈비를 먹고 싶어요.

여름 방학 때 한국에 가고 싶어요.　주말에 친구를 만나고 싶어요.

🦉 練習**1** 例のように完成してみよう。

例 영화 / 보다　　영화를 보고 싶어요.

❶ 한국어 / 배우다　　　　→ _____ .

❷ 바다 / 가다　　　　　　→ _____ .

❸ 사진 / 찍다　　　　　　→ _____ .

❹ 한복 / 입다　　　　　　→ _____ .

❺ 케이티엑스 (KTX) / 타다 → _____ .

第 **9** 課

1 例のように丁寧な格式的表現を使って話してみよう。

> 例
>
>
>
> 가 : 주말에 뭐 할 거예요? (가족 / 온천에 가다)
>
> 나 : 가족하고 온천에 갈 거예요.

(1)

가 : 주말에 뭐 할 거예요? (친구 / 야구를 하다)

나 : _____ .

(2)

가 : 여름 방학 때 뭐 할 거예요? (언니 / 여행하다)

나 : _____ .

(3)

가 : 내일 뭐 할 거예요? (남자 친구 / 저녁을 먹다)

나 : _____ .

(4)

가 : 오후에 뭐 할 거예요? (신오쿠보 / 친구를 만나다)

나 : _____ .

(5)

가 : 주말에 뭐 할 거예요? (스포츠센터 / 운동하다)

나 : _____ .

(6)

가 : 일요일에 뭐 할 거예요? (집 / 쉬다)

나 : _____ .

2 例のように書いて話してみよう。

例

(홍차 / 마시다)

가 : 뭐 마시고 싶어요?

나 : 홍차를 마시고 싶어요.

---

(1)

(케이팝 / 듣다)

가 : 뭐 ＿＿＿＿＿＿＿＿＿＿＿＿ ?

나 : ＿＿＿＿＿＿＿＿＿＿＿＿ .

---

(2)

(8월 / 가다)

가 : 언제 서울에 ＿＿＿＿＿＿＿＿ ?

나 : ＿＿＿＿＿＿＿＿＿＿＿＿ .

---

(3)

(가방, 구두 / 사다)

가 : 뭐 ＿＿＿＿＿＿＿＿＿＿＿ ?

나 : ＿＿＿＿＿＿＿＿＿＿＿＿ .

---

(4)

(놀이공원 / 놀다)

가 : 어디 ＿＿＿＿＿＿＿＿＿＿ ?

나 : ＿＿＿＿＿＿＿＿＿＿＿＿ .

---

(5)

(노트북 / 받다)

가 : 생일 *선물 뭐 ＿＿＿＿＿＿ ?

나 : ＿＿＿＿＿＿＿＿＿＿＿＿ .

*선물 [ソンムル] プレゼント

二人の SNS メッセージを読んで、質問に答えてみよう。

 유키 씨, 오랜만이에요. 잘 지냈어요?

네, 잘 지냈어요.
에리카 씨도 잘 지냈어요?

 네, 저도 잘 지냈어요.
유키 씨는 여름 방학이 언제부터예요?

다음 주부터예요. 에리카 씨는 언제부터예요?

 저도 다음 주부터예요.
유키 씨는 여름 방학 때 뭐 할 거예요?

가족들하고 부산을 여행할 거예요.

 부산에서 뭐 할 거예요?

바다에서 수영을 할 거예요.
그리고 유람선도 탈 거예요.
유람선에서 야경을 보고 싶어요.

＊ 지내다 [チネダ] 過ごす、유람선 [ユラムソン] 遊覧船、야경 [ヤギョン] 夜景

(1) 두 사람은 언제부터 여름 방학이에요?

(2) 유키 씨는 부산에 누구하고 갈 거예요?

(3) 유키 씨는 부산에서 뭐 할 거예요?

① _____ ② _____

対話を聞いて正しければ○を、間違っていれば×を付けてみよう。　　　　　　🔊 068

(1) 모에 씨는 다음 주 토요일부터 휴가예요. 　　　　　　　　　　　(　　)

(2) 모에 씨는 휴가 때 가족들하고 제주도에 갈 거예요. 　　　　　　　(　　)

(3) 모에 씨는 제주도에 친구가 있어요. 　　　　　　　　　　　　　　　(　　)

(4) 모에 씨는 한라산에 갈 거예요. 　　　　　　　　　　　　　　　　　(　　)

(5) 모에 씨는 바다에서 수영을 할 거예요. 　　　　　　　　　　　　　(　　)

できる！ **말해 봐요!** ●話してみよう！

表を見て、例のように話してみて、クラスメートにも聞いてみよう。

이름	어디에 가요?	누구하고 가요?	뭐 해요?
例 수지	영화관	친구	한국 영화를 보다
리위	공원	여자 친구	운동을 하다
세야	야구장	형	야구 경기를 보다
친구①			
친구②			

例 가 : 수지 씨는 주말에 어디에 갈 거예요?

　　나 : 저는 영화관에 갈 거예요.

　　가 : 누구하고 갈 거예요?

　　나 : 친구하고 갈 거예요.

　　가 : 영화관에서 뭐 할 거예요?

　　나 : 한국 영화를 볼 거예요. 친구하고 저는 한국 영화를 좋아해요.

第 **9** 課

 **말해 봐요!** ★話してみよう！

下の表に学校の長期休み (방학) や休暇 (휴가) などの計画について書いて、例のようにクラスメートと話してみよう。

이름	어디에 가요?	어때요?	뭐 하고 싶어요?
例 수지	서울	사람들이 *친절하다.	남산 서울타워에서 야경을 보다
나			
친구①			
친구②			

*친절하다 ［チンジョラダ］親切だ

> 例 가 : 수지 씨, 방학 때 어디에 갈 거예요?
>
> 나 : 서울에 갈 거에요.
>
> 가 : 서울은 어때요?
>
> 나 : 사람들이 친절해요.
>
> 가 : 서울에서 뭐 하고 싶어요?
>
> 나 : 남산 서울타워에서 야경을 보고 싶어요.

 하니 선생님의 발음 클리닉 ● ハニ先生の発音クリニック ●

🦋 **발음 (発音)**

- (으) ㄹ 거예요 → ［(으)ㄹ 꺼예요］

- 갈 거예요 → ［갈 꺼예요 カルコイェヨ］

- 할 거예요 → ［할 꺼예요 ハルコイェヨ］

- 먹을 거예요 → ［먹을 꺼예요 モグルコイェヨ］

- 찍을 거예요 → ［찍을 꺼예요 チグルコイェヨ］

알쏭달쏭 퀴즈 (アルソンダルソン クイズ)

Q6. 韓国ではこの動物の夢を見ると金運が上がるとされています。それは次のうちどれでしょうか。
　① 돼지（豚）　② 호랑이（トラ）　③ 개（犬）　④ 용（竜）

Q7. 韓国で出産後の母親に食べさせるのは次のうちどれでしょうか。
　① 계란（卵）　② 김치（キムチ）
　③ 미역국（ワカメスープ）　④ 인삼（高麗人参）

Q8. 日本の選挙年齢は18歳です。それでは韓国の選挙年齢はいくつでしょうか。
　① 17歳　② 18歳　③ 19歳　④ 20歳

Q9. 韓国で初めて冬のオリンピックが開催されたのは、2018年です。その時のマスコットキャラクターの「수호랑」（スホラン）は、次のうちどんな動物でしょうか。
　① 곰（熊）　② 새（鳥）　③ 개（犬）　④ 호랑이（トラ）

Q10. 韓国で一番多い苗字は、次のうちどれでしょうか。
　① 이（李）　② 박（朴）　③ 김（金）　④ 최（崔）

알쏭달쏭 퀴즈 (アルソンダルソン クイズ)の答え

Q1. ②

Q2. ③ 大福餅（「付く」という意味の韓国語「붙다（プッタ）」には「合格する」という意味もあり、粘り気があって張り付くものを「志望校にうかるように」との願いを込めて贈る。）

Q3. ③

Q4. ④（女子が多いと知られている理由は、魚に出ていった男たちが台風に遭って帰ってこれなかったためだという。また、海女も多いことから）

Q5. ①（「泥棒がいない」、「乞食がいない」、だから「外部からの侵入を防ぐ門がない（必要ない）」山は、「漢拏山」という韓国で一番高い山（1,947m）がありる。）

Q6. ①

Q7. ③（産後にワカメスープを飲む風習は高麗時代（918年～1392年）からだと知られている。ワカメが産後の女性にいいのはヨードが豊富だし、出血で失われた鉄分と、赤ちゃんに奪われたカルシュウムもたくさん入っているからだ。）

Q8. ②（2019年に選挙法が改正され、18歳から選挙が可能になった。）

Q9. ④（冬季オリンピックのマスコット「수호랑（スホラン）」は、トラをキャラクターにした。そして、パラリンピックのマスコットは熊をキャラクターにした반다비（パンダビタ）だった。）

Q10. ③（김, 이, 박, 최, 정の順で多い）

종합 연습 I

総合演習 I （1 課～ 4 課）

ゴール　1 課から 4 課までの文法と語彙の問題演習を通して定着できる。

学習文法
-이에요 / 예요　-은 / 는　-이 / 가 아니에요　-을 / 를
-아요 / 어요 / 여요　-에 가다　안　-이 / 가
-에 있다 / 없다　몇　에 (時間)

【1 ～ 10】下線部に入る正しい言葉を選んでください。

❶ 가 : 레오 씨는 선생님이에요?

　　나 : 아니요, _____.

　　① 의사예요　　② 학생이에요

　　③ 가수예요　　④ 회사원이에요

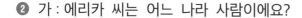

❷ 가 : 에리카 씨는 어느 나라 사람이에요?

　　나 : _____ 사람이에요.

　　① 한국　　　② 중국　　　③ 인도　　　④ 일본

❸ 가 : 웨이 씨는 뭐 해요?

　　나 : 웨이 씨는 _____.

　　① 공부해요　　② 노래해요　　③ 청소해요　　④ 운동해요

❹ 가 : 제니 씨는 어디에 가요?

　　나 : _____ 에 가요.

　　① 집　　　② 도서관　　　③ 학교　　　④ 영화관

❺ 가 : 볼펜이 의자 위에 있어요?

　　나 : 아니요, _____ 위에 있어요.

　　① 책상　　② 책장　　③ 의자　　④ 시계

6 가 : 몇 월이에요?

나 : ＿＿＿＿＿ 이에요.

① 십뷀　　　② 시뷀　　　③ 십월　　　④ 시월

7 가 : 마틴 씨, 생일이 ＿＿＿＿＿ 예요?

나 : 5 월 31 일이에요.

① 누구　　　② 어디　　　③ 언제　　　④ 몇

8 가 : 사물함이 ＿＿＿＿＿ 에 있어요?

나 : 교실에 있어요.

① 누구　　　② 어디　　　③ 언제　　　④ 몇

9 가 : 유키 씨, 생일이 몇 월 ＿＿＿＿＿ 이에요?

나 : 9 월 20 일이에요.

① 몇 일　　　② 멷 일　　　③ 며칠　　　④ 며딜

10 가 : 레오 씨, 수능시험을 언제 ＿＿＿＿＿ ?

나 : 11 월에 ＿＿＿＿＿ .

① 있어요　　　② 봐요　　　③ 받아요　　　④ 공부해요

【11～20】下線部に入る正しい言葉を選んでください。

⑪ 가 : 제니 씨, 어느 나라 사람이에요?

나 : 저 _____ 필리핀 사람이에요.

① 은   ② 는   ③ 이   ④ 가

⑫ 가 : 마이클 씨는 학생이에요?

나 : 아니요, 마이클 씨는 학생 _____ 아니에요.

① 을   ② 는   ③ 이   ④ 가

⑬ 가 : 유나 씨, 뭐 해요?

나 : 커피 _____ 마셔요.

① 은   ② 이   ③ 을   ④ 를

⑭ 가 : 교실에 뭐가 있어요?

나 : 컴퓨터 _____ 있어요.

① 은   ② 는   ③ 이   ④ 가

⑮ 가 : 유진 씨, 아르바이트를 언제 해요?

나 : 토요일 _____ 해요.

① 에   ② 을   ③ 은   ④ 이

⑯ 가 : 승주 씨, 우유 좋아해요?

나 : 네, 우유 _____ 좋아해요.

① 을   ② 를   ③ 이   ④ 가

⑰ 가 : 레오 씨, 가방이 교실에 있어요?

나 : 아니요, 교실에 _____.

① 있아요   ② 있어요   ③ 없아요   ④ 없어요

⑱ 가 : 티란 씨는 책을 읽어요?

　나 : 아니요, 티란 씨는 책을 ＿＿＿＿＿ 읽어요. 티란 씨는 신문을 읽어요.

　① 안　　　　　② 못　　　　　③ 다　　　　　④ 앙

⑲ 가 : 웨이 씨, 공부해요?

　나 : 아니요, ＿＿＿＿＿＿＿＿＿＿＿＿＿＿＿＿＿＿＿ .

　① 안 공부하요　　② 공부 안 하요　　③ 안 공부해요　　④ 공부 안 해요

⑳ 가 : 유나 씨, 뭐 해요?

　나 : 케이팝을 ＿＿＿＿＿＿＿＿＿＿＿＿＿＿＿＿＿＿ .

　① 들어요　　　　② 듣어요　　　　③ 드러요　　　　④ 드더요

【21 ～ 25】次の会話文に入る適切な表現を選んでください。

㉑ 가 : 안녕하세요? 저는 김유나예요.

　나 : 안녕하세요? ＿＿＿＿＿＿＿＿＿＿＿＿＿＿＿＿＿

　① 저는 일본 사람이에요.　　　　② 저는 학생이에요.

　③ 제 이름은 스즈키 나나코예요.　④ 만나서 반갑습니다.

㉒ 가 : 나나코 씨는 ＿＿＿＿＿＿＿＿＿＿＿＿＿＿＿＿＿

　나 : 저는 일본 사람이에요.

　① 이름이 뭐예요?　　　　　② 집이 어디예요?

　③ 어느 나라 사람이에요?　④ 어디에 살아요?

㉓ 가 : 레오 씨, 오늘 뭐 해요?

　나 : ＿＿＿＿＿＿＿＿＿＿＿＿＿＿＿＿＿＿＿＿＿＿＿＿＿

　① 일본 사람이에요.　　　② 고등학생이 아니에요.

　③ 영화관에 가요.　　　　④ 학교에 있어요.

❷❹ 가 : 컴퓨터가 어디에 있어요?

　　나 : _____

　　① 네, 컴퓨터가 있어요.　　　　② 아니요, 컴퓨터가 없어요.

　　③ 책상 위에 있어요.　　　　　④ 책상 위에 없어요.

❷❺ 가 : 유진 씨, 한국에 언제 가요?

　　나 : _____

　　① 오늘에 가요.　　　　　② 내일에 가요.

　　③ 어제에 가요.　　　　　④ 주말에 가요.

종합 연습 II

総合演習 II（5課〜9課）

> ゴール ▶ 5課から9課までの文法と語彙を問題演習を通して定着できる。

> 学習文法 ▶ **몇 시　−부터−까지　−ㅂ니다 / 습니다　−ㅂ니까 / 습니까?**
> **−하고　−주세요　−았어요 / 었어요 / 였어요　−하고 (같이)**
> **−에서　−의　이 / 그 / 저　−(으)ㄹ 거예요　−도**
> **−고 싶어요**

【1 〜 10】下線部に入る正しい言葉を選んでください。

❶ 가 : 어서 오세요. 뭐 드릴까요?

　　나 : 커피 두 ＿＿＿＿＿＿ 하고 샌드위치 한 개 주세요.

　　① 권　　　　　② 잔　　　　　③ 장　　　　　④ 마리

❷ 가 : 에리카 씨는 내일 뭐 입을 거예요?

　　나 : 저는 ＿＿＿＿＿ 입을 거예요.

　　① 바지　　　　② 운동화　　　③ 구두　　　　④ 양말

❸ 가 : 웨이 씨, 어제 뭐 했어요?

　　나 : 친구하고 테니스를 ＿＿＿＿＿＿＿＿＿＿.

　　① 탔어요　　　② 샀어요　　　③ 쳤어요　　　④ 운동했어요

❹ 가 : 유나 씨는 몇 시에 점심을 먹어요?

　　나 : ＿＿＿＿＿ 한 시에 먹어요.

　　① 아침　　　　② 오전　　　　③ 오후　　　　④ 저녁

❺ 가 : 레오 씨의 학교는 ＿＿＿＿＿ 했어요?

　　나 : 네, 지난주에 했어요.

　　① 방학　　　　② 휴가　　　　③ 시험　　　　④ 운동

❻ 가 : 유진 씨는 _____ 일본에 왔어요?

　　나 : 작년 오 월에 왔어요.

　　① 어느　　　② 어디　　　③ 몇 시　　　④ 언제

❼ 가 : 제니 씨, 내일 _____ 에서 쇼핑할 거예요?

　　나 : 백화점에서 쇼핑할 거예요.

　　① 누구　　　② 어디　　　③ 언제　　　④ 어느

❽ 가 : 나나코 씨는 _____ 가 있어요?

　　나 : 네, 오빠하고 여동생이 있어요.

　　① 형제　　　② 친구　　　③ 누나　　　④ 언니

❾ 가 : 유진 씨는 취미가 뭐예요?

　　나 : 저는 산을 _____ .

　　① 좋아요　　　② 싫어요　　　③ 좋아해요　　　④ 싫어해요

❿ 가 : 에리카 씨, 주말에 약속 있어요?

　　나 : 아니요, 없어요. 집에서 어머니의 일을 _____ 거예요.

　　① 쉴　　　② 도울　　　③ 요리할　　　④ 쓸

【11 ～ 20】 下線部に入る正しい言葉を選んでください。

⓫ 가 : 한국어 시험은 몇 시에 시작해요?

　　나 : 오후 한 시 _____ 예요.

　　① 부터　　　② 까지　　　③ 에　　　④ 에서

⑫ 가 : 저는 케이팝을 좋아해요. 제니 씨는 어때요?

　　나 : 저 　　　　　　　 좋아해요

　　① 를 　　　　　② 가 　　　　　③ 도 　　　　　④ 하고

⑬ 가 : 이거 에리카 씨 책이에요?

　　나 : 아니요, 　　　　　　　 책이 아니에요. 그 책은 카린 씨 거예요.

　　① 저 　　　　　② 나 　　　　　③ 제 　　　　　④ 네

⑭ 가 : 유나 씨, 주말에 뭐 할 거예요?

　　나 : 남자 친구 　　　　　　　 영화를 볼 거예요.

　　① 는 　　　　　② 가 　　　　　③ 를 　　　　　④ 하고

⑮ 가 : 어제 누구 만났어요?

　　나 : 커피숍에서 선생님 　　　　　　　 만났어요.

　　① 은 　　　　　② 이 　　　　　③ 을 　　　　　④ 에

⑯ 가 : 웨이 씨는 휴가 때 뭐 해요?

　　나 : 유럽 여행을 　　　　　　　 .

　　① 갈 거예요 　　② 갔습니다 　　③ 갑니까 　　④ 갔어요

⑰ 가 : 에리카 씨 집은 어디예요?

　　나 : 저는 도쿄에 　　　　　　　 .

　　① 살습니다 　　② 삽니다 　　③ 살았습니다 　　④ 사라요

⑱ 가 : 어제 노래방에서 노래했어요?

　　나 : 아니요, 노래 안 했어요. 친구의 노래를 　　　　　　　 .

　　① 듣어요 　　　② 들어요 　　　③ 듣었어요 　　　④ 들었어요

⑲ 가 : 레오 씨, 저 선생님 알아요?

나 : 네, 알아요. ＿＿＿＿＿＿ 선생님은 우리 한국어 선생님이에요.

① 이 　　　② 그 　　　③ 저 　　　④ 어느

⑳ 가 : 제니 씨, 오늘 오후에 시간 있어요?

나 : 미안해요. 오후에 좀 ＿＿＿＿＿＿.

① 바쁘어요 　　② 바빠요 　　③ 바뻐요 　　④ 바빴어요

【21 ～ 23】 次の文章が正しければ○を間違っていれば×をしてください。

㉑ 에리카 씨는 편의점에서 빵하고 우유를 사았어요. 　　　(　　　)

㉒ 주말에 한국 요리를 만들을 거예요. 　　　(　　　)

㉓ 레오 씨는 아침 식사를 먹었어요. 　　　(　　　)

【24 ～ 25】 次の会話文に入る適切な表現を選んでください。

㉔ 가 : 이 우산 에리카 씨 거예요?

나 : ＿＿＿＿＿＿＿＿＿＿＿＿＿＿＿

① 네, 저 우산 제 거예요. 　　② 아니요, 저 우산 제 거예요.

③ 네, 이 우산 제 거예요. 　　④ 아니요, 이 우산이 아니에요.

㉕ 가 : 요즘 몇 시에 일어나요?

나 : ＿＿＿＿＿＿＿＿＿＿＿＿＿＿＿

① 네, 일찍 일어나요. 　　② 아니요, 일곱 시부터 일어나요.

③ 일곱 시에 일어나요. 　　④ 일곱 시까지 잤어요.

索 引

韓国語索引

※数字は初出の課を表します。

日本語索引

※数字は初出の課を表します。

練習問題解答

第１部　ハングルの文字と発音

p.11

（練習）

(3) 홋카이도

(4) 다나카 다로

p.41

(1)（スンテ → スンデ）

(2)（イルポン → イルボン）

(3)（カンタン → カンダン）

(4)（カムキ → カムギ）

(5)（チャチョンコ → チャジョンゴ）

p.43

(1)（외구거 ― ウェグゴ）

(2)（그묘일 ― クミョイル）

(3)（으막 ― ウマク）

(4)（마뉜 ― マヌォン）

(5)（비슬 ― ピスル）

(6)（상어 ― サンオ）

p.48

(1)（여덜 / 여덜비）

(2)（목 / 목시→목씨）

(3)（안자요）

(4)（업서요→업써요）

(5)（절머요）

(6)（흑 / 흘기）

第２部　会話と文法

第１課

p.53

（練習１）

❶ 한국 사람	한국 사람이에요	한국 사람이에요?
❷ 간호사	간호사예요.	간호사예요?
❸ 회사원	회사원이에요.	회사원이에요?
❹ 배우	배우예요.	배우예요?

p.54

❶ 의사	의사는
❷ 가수	가수는
❸ 선생님	선생님은
❹ 직업	직업은

練習 2

❶ 저는 다나카 사토시예요.

❷ 이름은 김유진이에요.

❸ 직업은 간호사예요.

❹ 선생님은 한국 사람이에요.

練習 3

❶ 私の名前は鈴木ナナコです。

❷ ナナコさんは日本人ですか。

❸ 김유진 씨는 대학생이에요.

❹ 선생님은 한국 사람이에요?

p.55

練習 1

❶ 의사	의사가 아니에요.
❷ 회사원	회사원이 아니에요.
❸ 대학생	대학생이 아니에요.
❹ 간호사	간호사가 아니에요.

p.56

練習 2

❶ 마이클은 고등학생이 아니에요.

❷ 저는 간호사가 아니에요.

❸ 레오 씨는 가수가 아니에요.

❹ 선생님은 일본 사람이 아니에요.

練習 3

❶ 私は大学生ではありません。

❷ エリカさんは医者ではありません。

❸ 제 이름은 스즈키 나나코가 아니에요.

❹ 선생님은 한국 사람이 아니에요.

p.57

1 (1) 나 : 네, 웨이 씨는 선생님이에요.

(2) 나 : 네, 마이클 씨는 회사원이에요.

(3) 가 : 자스민 씨는 배우예요?　　나 : 네, 자스민 씨는 배우예요.

(4) 가 : 티란 씨는 간호사예요?　　나 : 네, 티란 씨는 간호사예요.

p.58

2 (1) 나 : 에리카 씨는 일본 사람이에요.

(2) 나 : 마이클 씨는 미국 사람이에요.

(3) 가 : 제니 씨는 어느 나라 사람이에요?

나 : 제니 씨는 필리핀 사람이에요.

(4) 가 : 웨이 씨는 어느 나라 사람이에요?

나 : 웨이 씨는 중국 사람이에요.

p.59

3 (1) 나 : 아니요, 제니 씨는 일본 사람이 아니에요.

제니 씨는 필리핀 사람이에요.

(2) 나 : 아니요, 마이클 씨는 한국 사람이 아니에요.

마이클 씨는 미국 사람이에요.

(3) 나 : 아니요, 웨이 씨는 의사가 아니에요.

웨이 씨는 선생님이에요.

(4) 나 : 아니요, 나나 씨는 간호사가 아니에요.

나나 씨는 요리사예요.

p.60

이름	김유나
나라	한국 (사람)
직업	고등학생

p.66

練習 1

基本形	意味	−아요 / 어요 / 여요	基本形	意味	−아요 / 어요 / 여요
살다	住む	살아요 サラヨ	배우다	習う	배워요 ペウォヨ
알다	知る	알아요 アラヨ	춤추다	踊る	춤춰요 チュムチュォヨ
팔다	売る	팔아요 パラヨ	마시다	飲む	마셔요 マショヨ
앉다	座る	앉아요 アンヂャヨ	다니다	通う	다녀요 タニョヨ
놀다	遊ぶ	놀아요 ノラヨ	가르치다	教える	가르쳐요 カルチョヨ
가다	行く	가요 カヨ	좋아하다	好きだ	좋아해요 チョアヘヨ
사다	買う	사요 サヨ	싫어하다	嫌いだ	싫어해요 シロヘヨ
타다	乗る	타요 タヨ	운동하다	運動する	운동해요 ウンドンヘヨ
자다	寝る	자요 チャヨ	공부하다	勉強する	공부해요 コンブヘヨ
만나다	会う	만나요 マンナヨ	노래하다	歌う	노래해요 ノレヘヨ
일어나다	起きる	일어나요 イロナヨ	일하다	仕事する	일해요 イレヨ
오다	来る	와요 ワヨ	아르바이트하다	アルバイトする	아르바이트해요 アルバイトゥヘヨ
보다	見る	봐요 プヮヨ	쇼핑하다	ショッピングする	쇼핑해요 ショピンヘヨ
먹다	食べる	먹어요 モゴヨ	*듣다	聞く	*들어요 トゥロヨ
입다	着る	입어요 イボヨ	*걷다	歩く	*걸어요 コロヨ
만들다	作る	만들어요 マンドゥロヨ	*쓰다	書く	*써요 ソヨ
찍다	撮る	찍어요 チゴヨ	있다	いる・ある	있어요 イッソヨ
읽다	読む	읽어요 イルゴヨ	없다	いない・ない	없어요 オプソヨ

p.67

🈴1

❶ 텔레비전	텔레비전을
❷ 주스	주스를
❸ 책	책을
❹ 우유	우유를

🈴2

❶ 친구를 만나요.

❷ 빵을 사요.

❸ 책을 읽어요.

❹ 한국어를 배워요.

p.68

🈴3

❶ 映画を見ます。

❷ ケーポップが好きです。

❸ 신문을 읽어요.

❹ 한국어를 공부해요.

p.69

できる! ●聞いて話してみよう!

❶ (1) 나 : 책을 읽어요.

(2) 나 : 물을 마셔요.

(3) 나 : 친구를 만나요.

(4) 가 : 뭐(뭘, 뭐를) 해요?   나 : 아르바이트를 해요.

p.70

❷ (1) 나 : 노래방에 가요.

(2) 나 : 커피숍에 가요.

(3) 가 : 어디에 가요?   나 : 디즈니랜드에 가요.

(4) 가 : 어디에 가요?   나 : 편의점에 가요.

(5) 가 : 어디에 가요?   나 : 공원에 가요.

p.71

❸ (1) 가 : 레오 씨는 커피를 마셔요?   나 : 아니요, 커피를 안 마셔요.

밥을 먹어요.

(2) 가 : 유진 씨는 노래를 들어요?　　나 : 아니요, 노래를 안 들어요.
　　　　　　　　　　　　　　　　　　　　　노래해요.

(3) 가 : 에리카 씨는 한국어를 가르쳐요?　나 : 아니요, 한국어를 안 가르쳐요.
　　　　　　　　　　　　　　　　　　　　　한국어를 배워요.

(4) 가 : 웨이 씨는 친구를 만나요?　　나 : 아니요, 친구를 안 만나요.
　　　　　　　　　　　　　　　　　　　영화를 봐요.

(5) 가 : 제니 씨는 영화를 봐요?　　나 : 아니요, 영화를 안 봐요.
　　　　　　　　　　　　　　　　　　공부해요.

p.72

できる！　●聞いてみよう！

(1) ○　　(2) ×　　(3) ○

第3課
p.77

練習 1

❶ 가방	가방이
❷ 컴퓨터	컴퓨터가
❸ 책	책이
❹ 교과서	교과서가

p.78

できる！　●聞いて話してみよう！

❶ (1) 나 : 네, 책상이 있어요.
　 (2) 나 : 아니요, 학생이 없어요.
　 (3) 例 가 : 교실에 시계가 있어요?
　　　　　나 : 네, 시계가 있어요.
　 (4) 例 가 : 교실에 선생님이 있어요?
　　　　　나 : 아니요, 선생님이 없어요.

p.79

❷ (1) 나 : 레오 씨는 도서관에 있어요.
　 (2) 나 : 유진 씨는 커피숍에 있어요.
　 (3) 나 : 에리카 씨는 노래방에 있어요.
　 (4) 나 : 웨이 씨는 영화관에 있어요.
　 (5) 가 : 선생님이 어디에 있어요?　　나 : 선생님은 교실에 있어요.

p.80

③ (1) 나 : 나나 씨는 아쓰야 씨 뒤에 있어요.

(2) 나 : 아키 씨는 리나 씨 앞에 있어요.

(3) 나 : 미키 씨는 리나 씨 오른쪽에 있어요.

(4) 나 : 선생님은 교실 앞에 있어요.

(5) 나 : 책은 책상 위에 있어요.

(6) 나 : 사물함은 교실 뒤에 있어요.

p.81

できる！ ●聞いてみよう！

(1) ④　　(2) ⑧　　(3) ①　　(4) ⑥

できる！ ●読んで書いてみよう！

(1) 나무는 창문 밖에 있어요.

(2) 쓰레기통은 침대 오른쪽에(옆에) 있어요.

(3) 책상은 책장 왼쪽에(옆에) 있어요.

(4) 컴퓨터는 책상 위에 있어요.

(5) 책은 책장 안에 있어요.

(6) 휴대폰은 침대 위에 있어요.

第 4 課

p.86

練習 1

❶ 가 : 전화번호가 몇 번이에요?

❷ 가 : 몇 월이에요?

❸ 가 : 몇 학년이에요?

❹ 가 : 며칠이에요?

❺ 가 : 몇 반이에요?

p.87

練習 1

❶ 3 월 21 일에 졸업해요.

❷ 11 월에 시험을 봐요.

❸ 7 월에 방학해요.

❹ 주말에 영화를 봐요.

❺ 일요일에 아르바이트해요.

p.88

できる！ ●聞いて話してみよう！

❶ (1) 나 : 공이–사이팔칠–구오육삼이에요.

(2) 가 : 전화번호가 몇 번이에요?

　　나 : 공일공–육팔공사–삼칠구오예요.

(3) 나 : 고등학교 1 학년이에요.

(4) 가 : 몇 학년이에요?

　　나 : 대학교 4 학년이에요.

(5) 나 : 9 번 버스예요.

p.89

❷ (1) 나 : 오월 팔일이에요.

(2) 나 : 십이월 이십삼일이에요.

(3) 나 : 사월 육일이에요.

(4) 가 : 어제가 몇 월 며칠이에요?

　　나 : 시월 삼십일일이에요.

(5) 가 : 시험이 몇 월 며칠이에요?

　　나 : 유월 십사일이에요.

p.90

❸ (1) 가 : 언제 친구를 만나요?　　　　나 : 십이월 이십일에 친구를 만나요.

(2) 가 : 언제 방학해요?　　　　　　나 : 내일 방학해요.

(3) 가 : 언제 아르바이트해요?　　　　나 : 토요일에 아르바이트해요.

(4) 가 : 언제 한국어 수업이 있어요?　나 : 오늘 한국어 수업이 있어요.

(5) 가 : 언제 졸업해요?　　　　　　나 : 삼월 이십일일에 졸업해요.

p.91

できる！ ●聞いてみよう！

❶ (1) 10 월 9 일　　(2) 11 월 3 일　　(3) 6 월 20 일　　(4) 4 월 8 일

❷ (1) 일　　　　(2) 금　　　　(3) 수

できる！ ●読んで書いてみよう！

(1) 네, (에리카 씨는 시험 날짜를) 알아요.

(2) 아니요, (한국어 시험은) 내일이 아니에요.

(3) (한국어 시험은) 다음 주 7 일 수요일이에요.

第 **5** 課

p.97

【练习**1**】

❶ 아홉 시 십 분이에요.

❷ 열 시 이십 분이에요.

❸ 여덟 시 삼십오 분이에요.

❹ 네 시 삼십 분이에요.(네 시 반이에요.)

❺ 열한 시 사십오 분이에요.

❻ 現在の時刻

p.98

できる！　●聞いて話してみよう！

❶ ⑴ 나 : 오후 한 시 오십오 분이에요.

　　가 : 고마워요.

　⑵ 가 : 실례지만, 지금 몇 시예요?

　　나 : 오후 열한 시 삼십오 분이에요.

　　가 : 고마워요.

　⑶ 가 : 실례지만, 지금 몇 시예요?

　　나 : 오전 여섯 시 오 분이에요.

　　가 : 고마워요.

　⑷ 가 : 실례지만, 지금 몇 시예요?

　　나 : 오전 아홉 시 사십 분이에요.

　　가 : 고마워요.

　⑸ 가 : 실례지만, 지금 몇 시예요?

　　나 : 오후 세 시 삼십 분이에요.(오후 세 시 반이에요.)

　　가 : 고마워요.

p.99

❷ ⑴ 나 : 점심 시간은 오후 12 시부터 1 시까지예요.

　⑵ 가 : 은행은 몇 시부터 몇 시까지예요?

　　나 : 은행은 오전 9 시부터 오후 3 시까지예요.

　⑶ 가 : 병원은 몇 시부터 몇 시까지예요?

　　나 : 병원은 오전 9 시 반부터(30 분부터) 오후 6 시까지예요.

　⑷ 가 : 영화는 몇 시부터 몇 시까지예요?

　　나 : 영화는 오후 2 시 45 분부터 5 시 15 분까지예요.

p.100

❸ ⑴ 오후 10 시부터 12 시까지 공부를 해요.

　⑵ 오후 8 시부터 9 시 45 분까지 텔레비전을 봐요.

（3）오전 7 시부터 7 시 반까지(삼십 분까지) 아침을 먹어요.(아침 식사를 해요.)

（4）오후 3 시부터 4 시까지 책을 읽어요.

（5）오후 2 시부터 5 시까지 아르바이트를 해요.

（6）오후 11 시부터 오전 6 시까지 자요.(잠을 자요.)

p.101

できる! ●聞いてみよう!

（1）6 시 30 분

（2）9 시 00 분부터 3 시 20 분까지

（3）4 시 30 분부터 8 시 00 분까지

（4）11 시 00 분

できる! ●読んで書いてみよう!

（1）오전 6 시 30 분에 일어나요.

（2）한국어 수업은 수요일 10 시 50 분부터 11 시 40 분까지예요.

（3）토요일은 오전 11 시부터 오후 3 시까지 아르바이트를 해요.

（4）일요일은 9 시에 일어나요.

第6課

p.107

練習1

基本形	意味	－ㅂ니다 / 습니다	－ㅂ니까?/ 습니까?	基本形	意味	－ㅂ니다 / 습니다	－ㅂ니까?/ 습니까?
가다	行く	갑니다	갑니까?	먹다	食べる	먹습니다	먹습니까?
오다	来る	옵니다	옵니까?	읽다	読む	읽습니다	읽습니까?
보다	見る	봅니다	봅니까?	듣다	聞く	듣습니다	듣습니까?
사다	買う	삽니다	삽니까?	걷다	歩く	걷습니다	걷습니까?
자다	寝る	잡니다	잡니까?	있다	いる・ある	있습니다	있습니까?
만나다	会う	만납니다	만납니까?	없다	いない・ない	없습니다	없습니까?
쓰다	書く	씁니다	씁니까?	*살다	住む	삽니다	삽니까?
공부하다	勉強する	공부합니다	공부합니까?	*만들다	作る	만듭니다	만듭니까?
감사하다	感謝する	감사합니다	감사합니까?	*팔다	売る	팝니다	팝니까?

練習2

❶ 저는 텔레비전을 봅니다.

❷ 마이클은 친구를 만납니다.

❸ 에리카 씨는 노래를 듣습니다.

❹ 유진 씨는 도쿄에 삽니다.

p.108

練習1
1. 교과서하고 노트
2. 편의점하고 영화관
3. 텔레비전하고 컴퓨터
4. 햄버거하고 샌드위치
5. 물하고 주스

練習2
1. 教室に先生と学生（生徒）がいます。
2. ご飯とキムチチゲを食べます。
3. 日曜日に図書館と映画館に行きます。
4. 한국어와 중국어를 배웁니다.
5. 드라마하고 영화를 봅니다.
6. 신문하고 잡지를 읽습니다.

p.109

練習1
1. 물하고 교통 카드 주세요.
2. 신문하고 잡지 주세요.
3. 주스하고 커피 주세요.
4. 가방하고 구두 주세요.

p.110

できる！ ●聞いて話してみよう！

1. (1) 가 : 유진 씨, 어디에 갑니까?
　　　나 : 도서관에 갑니다.
　(2) 가 : 영화관이 어디에 있습니까?
　　　나 : 영화관은 커피숍 옆에 있습니다.
　(3) 가 : 한국어를 배웁니까?
　　　나 : 네, 한국어를 배웁니다.
　(4) 가 : 레오 씨는 대학생입니까?
　　　나 : 아니요, 대학생이 아닙니다.
　　　레오 씨는 고등학생입니다.
　(5) 가 : 교실에 컴퓨터가 있습니까?
　　　나 : 아니요, 교실에 컴퓨터가 없습니다.
　(6) 가 : 레오 씨는 책을 읽습니까?
　　　나 : 아니요, 레오 씨는 책을 안 읽습니다.
　　　　레오 씨는 텔레비전을 봅니다.

p.111

2 (1) 나 : 육천이백 원입니다.

(2) 나 : 사천팔백 원입니다.

(3) 가 : 얼마예요?

나 : 이만 칠천삼백 원입니다.

(4) 가 : 얼마예요?

나 : 만 이천육백 원입니다.

(5) 가 : 얼마예요?

나 : 십구만 원입니다.

p.112

3 (1) 나 : 드라마하고 영화를 봐요.

(2) 나 : 신문하고 잡지를 읽어요.

(3) 나 : 레오 씨하고 미나 씨를 만나요.

(4) 나 : 옷하고 가방을 사요.

(5) 나 : 책상하고 의자가 있어요.

p.113

4 (1) 나 : 노트 세 권하고 필통 한 개 주세요.

(2) 나 : 사과 네 개하고 딸기 한 팩 주세요.

(3) 나 : 닭 한 마리하고 계란 열 개 주세요.

(4) 가 : 뭘 드릴까요?

나 : 컵라면 두 개하고 우표 여섯 장 주세요.

p.114

できる！ ●聞いてみよう！

1 (1) ②

(2) ③ 12,500 원

p.120

練習 1

動詞	意味	–았어요 / 었어요 / 였어요	形容詞	意味	–았어요 / 었어요 / 였어요
가다	行く	갔어요	많다	多い	많았어요
오다	来る	왔어요	작다	小さい	작았어요
보다	見る	봤어요	싸다	値段が安い	쌌어요
사다	買う	샀어요	비싸다	値段が高い	비쌌어요
타다	乗る	탔어요	좋다	良い	좋았어요
자다	寝る	잤어요	높다	高い	높았어요
만나다	会う	만났어요	낮다	低い	낮았어요
살다	住む	살았어요	적다	少ない	적었어요
알다	知る	알았어요	멀다	遠い	멀었어요
닫다	閉める	닫았어요	넓다	広い	넓었어요
놀다	遊ぶ	놀았어요	맛있다	美味しい	맛있었어요
먹다	食べる	먹었어요	맛없다	美味しくない	맛없었어요
마시다	飲む	마셨어요	재미있다	面白い	재미있었어요
읽다	読む	읽었어요	재미없다	面白くない	재미없었어요
입다	着る	입었어요	깨끗하다	きれいだ	깨끗했어요
치다	打つ・弾く	쳤어요	피곤하다	疲れる	피곤했어요
*듣다	聞く	*들었어요	*크다	大きい	*컸어요
*걷다	歩く	*걸었어요	*바쁘다	忙しい	*바빴어요
*쓰다	書く	*썼어요	*예쁘다	きれいだ	*예뻤어요

p.121

練習 1

❶ 형하고 야구를 해요.

❷ 친구하고 영화관에 가요.

❸ 스미레 씨하고 공부를 해요.

❹ 영수 씨하고 테니스를 쳐요.

[練]習 2

❶ 식당에서 밥을 먹었어요.

❷ 커피숍에서 친구를 만났어요.

❸ 편의점에서 빵하고 우유를 샀어요.

❹ 도서관에서 책을 읽었어요.

❺ 공원에서 자전거를 탔어요.

p.122

できる！ ●聞いて話してみよう！

❶ ⑴ 나 : 운동을 했어요.

⑵ 나 : 음악을 들었어요.

⑶ 나 : 가족들하고 온천에 갔어요.

⑷ 나 : 친구를 만났어요.

⑸ 가 : 어제 뭐 했어요?

　　나 : 한국어 공부를 했어요.

⑹ 가 : 어제 뭐 했어요?

　　나 : 신문을 읽었어요.

p.123

❷ ⑴ 가 : 언제 졸업했어요?

　　나 : 지난주에 졸업했어요.

⑵ 가 : 언제 일본에 왔어요?

　　나 : 작년 5월에 왔어요.

⑶ 가 : 뭐를 샀어요?

　　나 : 옷하고 구두를 샀어요.

⑷ 가 : 점심에 뭐 먹었어요?

　　나 : 빵하고 우유를 먹었어요.

⑸ 가 : 어디에서 친구를 만났어요?

　　나 : 커피숍에서 만났어요.

p.124

❸ ⑴ 나 : 서점에서 책을 사요.

⑵ 나 : 편의점에서 아르바이트를 해요.

⑶ 나 : 학교에서 한국어를 배워요.

⑷ 가 : 어디에서 텔레비전을 봐요?

　　나 : 집에서 텔레비전을 봐요.

⑸ 가 : 어제 어디에서 밥을 먹었어요? (식사를 했어요?)

나 : 식당에서 밥을 먹었어요. (식당에서 식사를 했어요.)
　(6) 가 : 지난주에 어디에서 자전거를 탔어요?
　　　　나 : 공원에서 자전거를 탔어요.

p.125

でき조! ●読んで書いてみよう!

(1) (지난주 토요일에 가족하고 같이) 제주도에 갔어요.
(2) 2박 3일 있었어요.
(3) ① (바다에서) 배를 탔어요.
　　② (관광지에서) 사진을 많이 찍었어요.
(4) 해산물하고 흑돼지고기를 먹었어요.

p.126

でき조! ●聞いてみよう!

이름	몇 번	언제	어디	누구하고	뭐 했어요?
유키	(3)	어제	백화점	엄마	쇼핑했어요.
웨이	(1)	토요일	영화관	여자 친구	영화를 봤어요.
마이클	(2)	주말	신오쿠보	형	치즈 닭갈비를 먹었어요.

第8課

p.131

練習1

❶ 아버지의 가방이에요.
❷ 제 취미예요.
❸ 에리카 씨의 오빠예요.
❹ 우리 가족이에요.

p.133

練習1

❶ 그것은 아버지(의) 안경이에요.
❷ 저거는(저건) 에리카 씨(의) 가방이에요.
❸ 이분은 우리 선생님이에요.
❹ 그 사람은 제 친구예요.
❺ 저 책은 누구(의) 것이에요?

❶ これはだれのパソコンですか。

❷ その人は私の兄ではありません。

❸ 私の趣味は水泳です。

❹ 이 사진은 레오 씨(의) 가족 사진이에요?

❺ 그건(그것은) 에리카 씨(의) 교과서가 아니에요.

❻ 저 사람(의) 취미는 쇼핑이에요.

p.134

できる! ●聞いて話してみよう!

❶ ⑴ 나 : 우산이에요.

⑵ 가 : 이게 뭐예요?
　　나 : 노트북이에요.

⑶ 나 : 이건 볼펜이에요.

⑷ 가 : 그게 뭐예요?
　　나 : 이건 가방이에요.

⑸ 나 : 저건 운동화예요.

⑹ 가 : 저게 뭐예요?
　　나 : 저건 모자예요.

p.135

❷ ⑴ 나 : 제니의 핸드폰이에요.

⑵ 나 : 마이클의 컴퓨터예요.

⑶ 가 : 그 노트는 누구 노트예요?
　　나 : (이 노트는) 웨이의 노트예요.

⑷ 가 : 그 시계는 누구 시계예요?
　　나 : (이 시계는) 아버지의 시계예요.

⑸ 가 : 저 안경은 누구 안경이에요?
　　나 : (저 안경은) 할머니의 안경이에요.

⑹ 가 : 저 책은 누구 책이에요?
　　나 : (저 책은) 형의 책이에요.

p.136

できる! ●読んで書いてみよう!

⑴ 유나 아버지(의) 직업은 회사원이에요. (유나 아버지는 회사원이에요.)

⑵ 유나 아버지(의) 취미는 등산이에요.

⑶ 유나 어머니(의) 직업은 한국어 선생님이에요. (유나 어머니는 한국어 선생님이에요.)

⑷ 유나 오빠(의) 취미는 영화 감상이에요.

⑸ 고양이 (의) 이름은 모모예요.

p.137

できる！　●聞いてみよう！

리나 씨의 가족 사진 (⑶) / 유키 씨의 가족 사진 (⑵)

第❾課
p.142
練習❶

基本形	意味	−ㄹ 거예요	基本形	意味	−을 거예요
가다	行く	갈 거예요	먹다	食べる	먹을 거예요
오다	来る	올 거예요	읽다	読む	읽을 거예요
보다	見る	볼 거예요	입다	着る	입을 거예요
사다	買う	살 거예요	씻다	洗う	씻을 거예요
타다	乗る	탈 거예요	찍다	撮る	찍을 거예요
자다	寝る	잘 거예요	받다	もらう / 受ける	받을 거예요
쓰다	書く	쓸 거예요	닫다	閉める	닫을 거예요
쉬다	休む	쉴 거예요	*놀다	遊ぶ	놀 거예요
만나다	会う	만날 거예요	*살다	住む	살 거예요
다니다	通う	다닐 거예요	*만들다	作る	만들 거예요
배우다	習う	배울 거예요	*알다	知る	알 거예요
따다	取る	딸 거예요	*듣다	聞く	들을 거예요
숙제하다	宿題する	숙제할 거예요	*걷다	歩く	걸을 거예요
구경하다	見物する	구경할 거예요	*돕다	助ける・手伝う	도울 거예요
낚시하다	釣りをする	낚시할 거예요	*줍다	拾う	주울 거예요

p.143
練習❶
❶ 레오 씨는 고등학생이에요. 에리카 씨 (도) 고등학생이에요.
❷ 저 (는) 빵 (을) 좋아해요. 동생 (은) 빵 (을) 안 좋아해요.

❸ 제니 씨는 도쿄 디즈니랜드에 갈 거예요.

　　제니 씨는 오사카 유니버설 스튜디오에(도) 갈 거예요.

❹ 가 : 가방에 뭐(가) 있어요?

　　나 : 책(이) 있어요. 노트(도) 있어요.

❺ 가 : 집에 누가 있어요?

　　나 : 어머니(가) 있어요. 언니(도) 있어요.

[練習❶]

❶ 한국어를 배우고 싶어요.

❷ 바다에 가고 싶어요.

❸ 사진을 찍고 싶어요.

❹ 한복을 입고 싶어요.

❺ 케이티엑스 (KTX) 를 타고 싶어요.

p.144

できる!　●聞いて話してみよう!

❶ ⑴ 나 : 친구하고 야구를 할 거예요.

　⑵ 나 : 언니하고 여행할 거예요.

　⑶ 나 : 남자 친구하고 저녁을 먹을 거예요.

　⑷ 나 : 신오쿠보에서 친구를 만날 거예요.

　⑸ 나 : 스포츠센터에서 운동할 거예요.

　⑹ 나 : 집에서 쉴 거예요.

p.145

❷ ⑴ 가 : 뭐 듣고 싶어요?

　　　나 : 케이팝을 듣고 싶어요.

　⑵ 가 : 언제 서울에 가고 싶어요?

　　　나 : 8 월에 가고 싶어요.

　⑶ 가 : 뭐 사고 싶어요?

　　　나 : 가방하고 구두를 사고 싶어요.

　⑷ 가 : 어디에서 놀고 싶어요?

　　　나 : 놀이공원에서 놀고 싶어요.

　⑸ 가 : 생일 선물 뭐 받고 싶어요?

　　　나 : 노트북을 받고 싶어요.

p.146

できる!　●読んで書いてみよう!

⑴ (여름 방학은) 다음 주부터예요. (다음 주부터 여름 방학이에요.)

⑵ 가족들하고 부산에 갈 거예요.

(3) ① 바다에서 수영을 할 거예요.　② 유람선을(도) 탈 거예요.

p.147

できる!　●聞いてみよう!

(1) ×　　(2) ×　　(3) ○　　(4) ○　　(5) ×

第 **10** 課

p.150
総合演習Ⅰ

❶ ②　　❷ ④　　❸ ①　　❹ ③　　❺ ①　　❻ ④　　❼ ③

❽ ②　　❾ ③　　❿ ②　　⓫ ②　　⓬ ③　　⓭ ④　　⓮ ④

⓯ ①　　⓰ ②　　⓱ ④　　⓲ ①　　⓳ ④　　⓴ ①　　㉑ ③

㉒ ③　　㉓ ③　　㉔ ③　　㉕ ④

p.155
総合演習Ⅱ

❶ ②　　❷ ①　　❸ ③　　❹ ③　　❺ ①　　❻ ④　　❼ ②

❽ ①　　❾ ③　　❿ ②　　⓫ ①　　⓬ ③　　⓭ ③　　⓮ ④

⓯ ③　　⓰ ①　　⓱ ②　　⓲ ④　　⓳ ③　　⓴ ②　　㉑ ×

㉒ ×　　㉓ ×　　㉔ ③　　㉕ ③

p.72 <2 과 듣기 대본 > 🔊035

(1) 가 : 제니 씨 지금 커피를 마셔요?

나 : 네, 커피를 마셔요.

(2) 가 : 마이클 씨, 지금 뭐 해요?

나 : 책을 읽어요.

(3) 가 : 에리카 씨, 지금 학교에 가요?

나 : 아니요, 도서관에 가요.

p.81 <3 과 듣기 대본 > 🔊039

(1) 가 : 레오 씨, 은행이 어디에 있어요?

나 : 사거리에 편의점이 있어요. 은행은 편의점 옆에 있어요.

(2) 가 : 제니 씨, 슈퍼가 어디에 있어요?

나 : 식당 오른쪽에 있어요.

(3) 가 : 레오 씨, 커피숍이 병원 뒤에 있어요?

나 : 아니요, 커피숍은 병원 왼쪽에 있어요.

(4) 가 : 에리카 씨, 서점이 어디에 있어요?

나 : 서점은 도서관 뒤에 있어요.

p.91 <4 과 듣기 대본 > 🔊044

1

(1) 가 : 한글날이 몇 월 며칠이에요?

나 : 한글날은 10 월 9 일이에요.

(2) 가 : 세야 씨, 생일이 몇 월 며칠이에요?

나 : 11 월 3 일이에요.

(3) 가 : 시험이 언제예요?

나 : 6 월 20 일이에요.

(4) 가 : 입학식이 몇 월 며칠이에요?

나 : 4 월 8 일이에요.

2 🔊045

(1) 가 : 유나 씨, 금요일에 아르바이트해요?

나 : 아니요. 금요일은 시간이 없어요. 저는 일요일에 아르바이트해요.

(2) 가 : 한국어 수업은 언제 있어요?

나 : 한국어 수업은 금요일에 있어요.

(3) 가 : 일요일에 친구를 만나요?

나 : 아니요, 일요일은 아르바이트해요. 친구는 수요일에 만나요.

p.101 <5 과 듣기 대본 > 🔊051

저는 오전 6 시 30 분에 일어나요.

그리고 7 시 30 분에 학교에 가요.

9 시부터 오후 3 시 20 분까지 수업이 있어요.

오후 4 시 반부터 8 시까지는 아르바이트를 해요.

밤 11 시에 자요.

p.114 <6 과 듣기 대본 > 🔊055

가 : 어서 오세요? 뭘 드릴까요?

나 : 샌드위치 두 개 하고 우유 주세요.

가 : 죄송합니다. 우유는 없습니다.

나 : 그럼, 오렌지 주스는 있어요?

가 : 네, 있습니다.

나 : 그럼, 오렌지 주스 하나 주세요.

가 : 네, 알겠습니다.

나 : 전부 얼마예요?

가 : 12,500 원입니다.

p.126 <7 과 듣기 지문 > 🔊060

(1) 가 : 유키 씨, 어제 바빴어요?

나 : 네, 어제 좀 바빴어요.

가 : 뭐 했어요?

나 : 엄마하고 백화점에서 쇼핑했어요.

가 : 뭐를 샀어요?

나 : 옷하고 가방을 샀어요. 옷이 예뻤어요.

(2) 가 : 웨이 씨, 토요일에 뭐 했어요?

나 : 여자 친구하고 영화관에 갔어요.

가 : 영화는 어땠어요?

나 : 정말 재미있었어요.

(3) 가 : 마이클 씨, 주말에 뭐 했어요?

나 : 형하고 신오쿠보에 갔어요.

가 : 신오쿠보에서 뭐 했어요?

나 : 한국 식당에서 치즈 닭갈비를 먹었어요. 맛있었어요.

p.137 <8과 듣기 지문 > 🔊064

가 : 유키 씨는 가족이 몇 명이에요?

나 : 우리 가족은 네 명이에요. 아버지하고 어머니하고 동생이 있어요.
리나 씨의 가족은 몇 명이에요?

가 : 우리 가족도 네 명이에요. 저는 부모님하고 오빠하고 같이 살아요. 오빠의 취미는 야구예요.
그리고 우리 집에는 강아지도 한 마리 있어요.
유키 씨 동생은 남동생이에요?

나 : 아니요, 여동생이에요.

p.147 <9과 듣기 지문 > 🔊068

가 : 모에 씨, 휴가가 언제부터예요?

나 : 이번 주 토요일부터예요.

가 : 휴가 때 뭐 할 거예요?

나 : 제주도에 갈 거예요.

가 : 누구하고 갈 거예요?

나 : 혼자 갈 거예요.

가 : 아, 그래요? 어디에서 잘 거예요?

나 : 친구가 제주도에 살아요. 친구 집에서 잘 거예요.

가 : 제주도에서 뭐 하고 싶어요?

나 : 제주도에 한라산이 있어요. 저는 산을 좋아해요. 한라산 등산을 할 거예요.

가 : 또 뭐 하고 싶어요?

나 : 바다에서 유람선을 타고 싶어요.

가 : 바다에서 수영도 할 거예요?

나 : 아니요, 수영은 안 할 거예요.

チョン・ヒョンヒ（鄭 賢熙）

慶熙サイバー大学校文化創造大学院グローバル韓国学専攻 卒業
現、韓国文化院世宗学堂韓国語講師
都立高校、神奈川県立高校での韓国語講師

チョ・ヒチョル（曺喜澈）

元東海大学教授。2009～10年度「NHKTV テレビでハングル講座」講師。

おっ、ハングル　韓国語入門テキスト

2020年 5 月 1 日　初版 1 刷発行
2024年 4 月 1 日　初版 3 刷発行

著　者	チョン・ヒョンヒ
	チョ・ヒチョル
ナレーション	元 順暎
	朴 天弘
DTP・印刷・製本	株式会社フォレスト
発行	駿河台出版社
	〒101-0062　東京都千代田区神田駿河台 3‑7
	TEL：03-3291-1676　FAX：03-3291-1675
	www.e-surugadai.com
発行人	上野 名保子